Friedrich Schiller

Vom Pathetischen und Erhabenen

Schriften zur Dramentheorie

Herausgegeben
von Klaus L. Berghahn

Philipp Reclam jun. Stuttgart

Die Texte folgen: Schillers Sämtliche Werke. Säkular-Ausgabe. Herausgegeben von Eduard von der Hellen. Stuttgart/Berlin: J. G. Cotta, [1904/05]. – Band- und Seitenzahlen sind im Anmerkungsteil nachgewiesen.

Universal-Bibliothek Nr. 2731
Alle Rechte vorbehalten
© 1970 Philipp Reclam jun. GmbH & Co., Stuttgart
Bibliographisch ergänzte Ausgabe 1995
Gesamtherstellung: Reclam, Ditzingen. Printed in Germany 1995
RECLAM und UNIVERSAL-BIBLIOTHEK sind eingetragene
Warenzeichen der Philipp Reclam jun. GmbH & Co., Stuttgart
ISBN 3-15-002731-4

Die Schaubühne als eine moralische Anstalt betrachtet

Ein allgemeiner unwiderstehlicher Hang nach dem Neuen und Außerordentlichen, ein Verlangen, sich in einem leidenschaftlichen Zustande zu fühlen, hat, nach Sulzers Bemerkung, der Schaubühne die Entstehung gegeben. Erschöpft von den höhern Anstrengungen des Geistes, ermattet von den einförmigen, oft niederdrückenden Geschäften des Berufs und von Sinnlichkeit gesättigt mußte der Mensch eine Leerheit in seinem Wesen fühlen, die dem ewigen Trieb nach Tätigkeit zuwider war. Unsre Natur, gleich unfähig, länger im Zustande des Tiers fortzudauern, als die feinern Arbeiten des Verstandes fortzusetzen, verlangte einen mittleren Zustand, der beide widersprechende Enden vereinigte, die harte Spannung zu sanfter Harmonie herabstimmte und den wechselsweisen Übergang eines Zustandes in den andern erleichterte. Diesen Nutzen leistet überhaupt nun der ästhetische Sinn oder das Gefühl für das Schöne. Da aber eines weisen Gesetzgebers erstes Augenmerk sein muß, unter zwei Wirkungen die höchste herauszulesen, so wird er sich nicht begnügen, die Neigungen seines Volks nur entwaffnet zu haben; er wird sie auch, wenn es irgend nur möglich ist, als Werkzeuge höherer Plane gebrauchen und in Quellen von Glückseligkeit zu verwandeln bemüht sein, und darum wählte er vor allen andern die Bühne, die dem nach Tätigkeit dürstenden Geist einen unendlichen Kreis eröffnet, jeder Seelenkraft Nahrung gibt, ohne eine einzige zu überspannen, und die Bildung des Verstandes und des Herzens mit der edelsten Unterhaltung vereinigt.
Derjenige, welcher zuerst die Bemerkung machte, daß eines Staats festeste Säule *Religion* sei – daß ohne sie die Gesetze selbst ihre Kraft verlieren, hat vielleicht, ohne es zu wollen oder zu wissen, die Schaubühne von ihrer edelsten Seite verteidigt. Eben diese Unzulänglichkeit, diese schwankende Eigenschaft der politischen Gesetze, welche dem Staat die

Religion unentbehrlich macht, bestimmt auch den sittlichen Einfluß der Bühne. Gesetze, wollte er sagen, drehen sich nur um verneinende Pflichten – Religion dehnt ihre Forderungen auf wirkliches Handeln aus. Gesetze hemmen nur Wirkungen, die den Zusammenhang der Gesellschaft auflösen – Religion befiehlt solche, die ihn inniger machen. Jene herrschen nur über die offenbaren Äußerungen des Willens, nur Taten sind ihnen untertan – diese setzt ihre Gerichtsbarkeit bis in die verborgensten Winkel des Herzens fort und verfolgt den Gedanken bis an die innerste Quelle. Gesetze sind glatt und geschmeidig, wandelbar wie Laune und Leidenschaft – Religion bindet streng und ewig. Wenn wir nun aber auch voraussetzen wollten, was nimmermehr ist – wenn wir der Religion diese große Gewalt über jedes Menschenherz einräumen, wird sie oder kann sie die ganze Bildung vollenden? – Religion (ich trenne hier ihre politische Seite von ihrer göttlichen), Religion wirkt im ganzen mehr auf den sinnlichen Teil des Volks – sie wirkt vielleicht durch das Sinnliche allein so unfehlbar. Ihre Kraft ist dahin, wenn wir ihr dieses nehmen – und wodurch wirkt die Bühne? Religion ist dem größern Teile der Menschen nichts mehr, wenn wir ihre Bilder, ihre Probleme vertilgen, wenn wir ihre Gemälde von Himmel und Hölle zernichten – und doch sind es nur Gemälde der Phantasie, Rätsel ohne Auflösung, Schreckbilder und Lockungen aus der Ferne. Welche Verstärkung für Religion und Gesetze, wenn sie mit der Schaubühne in Bund treten, wo Anschauung und lebendige Gegenwart ist, wo Laster und Tugend, Glückseligkeit und Elend, Torheit und Weisheit in tausend Gemälden faßlich und wahr an dem Menschen vorübergehen, wo die Vorsehung ihre Rätsel auflöst, ihren Knoten vor seinen Augen entwickelt, wo das menschliche Herz auf den Foltern der Leidenschaft seine leisesten Regungen beichtet, alle Larven fallen, alle Schminke verfliegt und die Wahrheit unbestechlich wie Rhadamanthus Gericht hält.

Die Gerichtsbarkeit der Bühne fängt an, wo das Gebiet der weltlichen Gesetze sich endigt. Wenn die Gerechtigkeit für

Gold verblindet und im Solde der Laster schwelgt, wenn
die Frevel der Mächtigen ihrer Ohnmacht spotten und Men-
schenfurcht den Arm der Obrigkeit bindet, übernimmt die
Schaubühne Schwert und Waage und reißt die Laster vor
einen schrecklichen Richterstuhl. Das ganze Reich der Phantasie und Geschichte, Vergangenheit und Zukunft stehen
ihrem Wink zu Gebot. Kühne Verbrecher, die längst schon
im Staub vermodern, werden durch den allmächtigen Ruf
der Dichtkunst jetzt vorgeladen und wiederholen zum
schauervollen Unterricht der Nachwelt ein schändliches Leben. Ohnmächtig, gleich den Schatten in einem Hohlspiegel,
wandeln die Schrecken ihres Jahrhunderts vor unsern Augen
vorbei, und mit wollüstigem Entsetzen verfluchen wir ihr
Gedächtnis. Wenn keine Moral mehr gelehrt wird, keine
Religion mehr Glauben findet, wenn kein Gesetz mehr vorhanden ist, wird uns Medea noch anschauern, wenn sie die
Treppen des Palastes herunterwankt und der Kindermord
jetzt geschehen ist. Heilsame Schauer werden die Menschheit ergreifen, und in der Stille wird jeder sein gutes Gewissen preisen, wenn Lady Macbeth, eine schreckliche Nacht-
wandlerin, ihre Hände wäscht und alle Wohlgerüche Ara-
biens herbeiruft, den häßlichen Mordgeruch zu vertilgen.
So gewiß sichtbare Darstellung mächtiger wirkt als toter
Buchstab und kalte Erzählung, so gewiß wirkt die Schaubühne tiefer und dauernder als Moral und Gesetze.
Aber hier *unterstützt* sie die weltliche Gerechtigkeit nur –
ihr ist noch ein weiteres Feld geöffnet. Tausend Laster, die
jene ungestraft duldet, straft sie; tausend Tugenden, wovon
jene schweigt, werden von der Bühne empfohlen. Hier begleitet sie die Weisheit und die Religion. Aus dieser reinen
Quelle schöpft sie ihre Lehren und Muster und kleidet die
strenge Pflicht in ein reizendes lockendes Gewand. Mit
welch herrlichen Empfindungen, Entschlüssen, Leidenschaften
schwellt sie unsere Seele, welche göttliche Ideale stellt sie uns
zur Nacheiferung aus! – Wenn der gütige August dem Ver-
räter Cinna, der schon den tödlichen Spruch auf seinen Lip-
pen zu lesen meint, groß wie seine Götter, die Hand reicht:

»Laß uns Freunde sein, Cinna!« wer unter der Menge wird in *dem* Augenblick nicht gern seinem Todfeind die Hand drücken wollen, dem göttlichen Römer zu gleichen? – Wenn Franz von Sickingen, auf dem Wege, einen Fürsten zu züchtigen und für fremde Rechte zu kämpfen, unversehens hinter sich schaut und den Rauch aufsteigen sieht von seiner Feste, wo Weib und Kind hilflos zurückblieben, und *er* – weiterzieht, Wort zu halten – wie groß wird mir da der Mensch, wie klein und verächtlich das gefürchtete unüberwindliche Schicksal!

Ebenso häßlich, als liebenswürdig die Tugend, malen sich die Laster in ihrem furchtbaren Spiegel ab. Wenn der hilflose kindische Lear in Nacht und Ungewitter vergebens an das Haus seiner Töchter pocht, wenn er sein weißes Haar in die Lüfte streut und den tobenden Elementen erzählt, wie unnatürlich seine Regan gewesen, wenn sein wütender Schmerz zuletzt in den schrecklichen Worten von ihm strömt: »Ich gab euch alles!« – wie abscheulich zeigt sich uns da der Undank? wie feierlich geloben wir Ehrfurcht und kindliche Liebe! –

Aber der Wirkungskreis der Bühne dehnt sich noch weiter aus. Auch da, wo Religion und Gesetze es unter ihrer Würde achten, Menschenempfindungen zu begleiten, ist *sie* für unsere Bildung noch geschäftig. Das Glück der Gesellschaft wird ebensosehr durch Torheit als durch Verbrechen und Laster gestört. Eine Erfahrung lehrt es, die so alt ist als die Welt, daß im Gewebe menschlicher Dinge oft die größten Gewichte an den kleinsten und zärtesten Fäden hangen und, wenn wir Handlungen zu ihrer Quelle zurückbegleiten, wir zehnmal lächeln müssen, ehe wir uns einmal entsetzen. Mein Verzeichnis von Bösewichtern wird mit jedem Tage, den ich älter werde, kürzer, und mein Register von Toren vollzähliger und länger. Wenn die ganze moralische Verschuldung des einen Geschlechtes aus einer und eben der Quelle hervorspringt, wenn alle die ungeheuren Extreme von Laster, die es jemals gebrandmarkt haben, nur veränderte Formen, nur höhere Grade einer Eigenschaft sind, die wir zuletzt alle

einstimmig belächeln und lieben, warum sollte die Natur
bei dem andern Geschlechte nicht die nämliche Wege gegan-
gen sein? Ich kenne nur *ein* Geheimnis, den Menschen vor
Verschlimmerung zu bewahren, und dieses ist – sein Herz
gegen Schwächen zu schützen.

Einen großen Teil dieser Wirkung können wir von der
Schaubühne erwarten. Sie ist es, die der großen Klasse von
Toren den Spiegel vorhält und die tausendfachen Formen
derselben mit heilsamem Spott beschämt. Was sie oben durch
Rührung und Schrecken wirkte, leistet sie hier (schneller
vielleicht und unfehlbarer) durch Scherz und Satire. Wenn
wir es unternehmen wollten, Lustspiel und Trauerspiel nach
dem Maß der erreichten Wirkung zu schätzen, so würde vielleicht die Erfahrung dem ersten den Vorrang geben. Spott
und Verachtung verwunden den Stolz des Menschen emp-
findlicher, als Verabscheuung sein Gewissen foltert. Vor dem
Schrecklichen verkriecht sich unsre Feigheit, aber eben diese
Feigheit überliefert uns dem Stachel der Satire. Gesetz und
Gewissen schützen uns *oft* für Verbrechen und Lastern –
Lächerlichkeiten verlangen einen eigenen feinern Sinn, den
wir nirgends mehr als vor dem Schauplatze üben. Vielleicht,
daß wir einen Freund bevollmächtigen, unsre Sitten und
unser Herz anzugreifen, aber es kostet uns Mühe, ihm ein
einziges Lachen zu vergeben. Unsre Vergehungen ertragen
einen Aufseher und Richter, unsre Unarten kaum einen Zeugen. – Die Schaubühne allein kann unsre Schwächen belachen,
weil sie unsrer Empfindlichkeit schont und den schuldigen
Toren nicht wissen will – Ohne rot zu werden, sehen wir
unsre Larve aus ihrem Spiegel fallen und danken insgeheim
für die sanfte Ermahnung.

Aber ihr großer Wirkungskreis ist noch lange nicht geendigt.
Die Schaubühne ist mehr als jede andere öffentliche Anstalt
des Staats eine Schule der praktischen Weisheit, ein Wegwei-
ser durch das bürgerliche Leben, ein unfehlbarer Schlüssel zu
den geheimsten Zugängen der menschlichen Seele. Ich gebe
zu, daß Eigenliebe und Abhärtung des Gewissens nicht selten ihre beste Wirkung vernichten, daß sich noch tausend

Laster mit frecher Stirne vor ihrem Spiegel behaupten, tausend gute Gefühle vom kalten Herzen des Zuschauers fruchtlos zurückfallen – ich selbst bin der Meinung, daß vielleicht Molières Harpagon noch keinen Wucherer besserte, daß der Selbstmörder Beverley noch wenige seiner Brüder von der abscheulichen Spielsucht zurückzog, daß Karl Moors unglückliche Räubergeschichte die Landstraßen nicht viel sicherer machen wird – aber wenn wir auch diese große Wirkung der Schaubühne einschränken, wenn wir so ungerecht sein wollen, sie gar aufzuheben – wie unendlich viel bleibt noch von ihrem Einfluß zurück? Wenn sie die Summe der Laster weder tilgt noch vermindert, hat sie uns nicht mit denselben bekannt gemacht? – Mit diesen Lasterhaften, diesen Toren müssen wir leben. Wir müssen ihnen ausweichen oder begegnen; wir müssen sie untergraben oder ihnen unterliegen. Jetzt aber überraschen sie uns nicht mehr. Wir sind auf ihre Anschläge vorbereitet. Die Schaubühne hat uns das Geheimnis verraten, sie ausfindig und unschädlich zu machen. *Sie* zog dem Heuchler die künstliche Maske ab und entdeckte das Netz, womit uns List und Kabale umstrickten. Betrug und Falschheit riß sie aus krummen Labyrinthen hervor und zeigte ihr schreckliches Angesicht dem Tag. Vielleicht, daß die sterbende Sara nicht *einen* Wollüstling schreckt, daß alle Gemälde gestrafter Verführung seine Glut nicht erkälten, und daß selbst die verschlagene Spielerin diese Wirkung ernstlich zu verhüten bedacht ist – glücklich genug, daß die arglose Unschuld jetzt seine Schlingen kennt, daß die Bühne sie lehrte seinen Schwüren mißtrauen und vor seiner Anbetung zittern.

Nicht bloß auf Menschen und Menschencharakter, auch auf Schicksale macht uns die Schaubühne aufmerksam und lehrt uns die große Kunst, sie zu ertragen. Im Gewebe unsers Lebens spielen *Zufall* und *Plan* eine gleich große Rolle; den letztern lenken *wir*, dem erstern müssen wir uns blind unterwerfen. Gewinn genug, wenn unausbleibliche Verhängnisse uns nicht ganz ohne Fassung finden, wenn unser Mut, unsre Klugheit sich einst schon in ähnlichen übten und unser Herz

zu dem Schlag sich gehärtet hat. Die Schaubühne führt uns
eine mannigfaltige Szene menschlicher Leiden vor. Sie zieht
uns künstlich in fremde Bedrängnisse und belohnt uns das
augenblickliche Leiden mit wollüstigen Tränen und einem
herrlichen Zuwachs an Mut und Erfahrung. Mit ihr folgen
wir der verlassenen Ariadne durch das widerhallende Naxos,
steigen mit ihr in den Hungerturm Ugolinos hinunter, be-
treten mit ihr das entsetzliche Blutgerüste und behorchen mit
ihr die feierliche Stunde des Todes. Hier hören wir, was
unsre Seele in leisen Ahnungen fühlte, die überraschte Natur
laut und unwidersprechlich bekräftigen. Im Gewölbe des
Towers verläßt den betrogenen Liebling die Gunst seiner
Königin. – Jetzt, da er sterben soll, entfliegt dem geängsti-
ten Moor seine treulose sophistische Weisheit. Die Ewigkeit
entläßt einen Toten, Geheimnisse zu offenbaren, die kein
Lebendiger wissen kann, und der sichere Bösewicht verliert
seinen letzten gräßlichen Hinterhalt, weil auch Gräber noch
ausplaudern.

Aber nicht genug, daß uns die Bühne mit Schicksalen der
Menschheit bekannt macht, sie lehrt uns auch gerechter gegen
den Unglücklichen sein und nachsichtsvoller über ihn richten.
Dann nur, wenn wir die Tiefe seiner Bedrängnisse ausmessen,
dürfen wir das Urteil über ihn aussprechen. Kein Verbrechen ist schändender als das Verbrechen des Diebs – aber
mischen wir nicht alle eine Träne des Mitleids in unsern
Verdammungsspruch, wenn wir uns in den schrecklichen
Drang verlieren, worin Eduard Ruhberg die Tat vollbringt?
– Selbstmord wird allgemein als Frevel verabscheut; wenn
aber, bestürmt von den Drohungen eines wütenden Vaters,
bestürmt von Liebe, von der Vorstellung schrecklicher Klo-
stermauern, Mariane den Gift trinkt, wer von uns will der
erste sein, der über dem beweinenswürdigen Schlachtopfer
einer verruchten Maxime den Stab bricht? – Menschlichkeit
und Duldung fangen an, der herrschende Geist unsrer Zeit
zu werden; ihre Strahlen sind bis in die Gerichtssäle und
noch weiter – in das Herz unsrer Fürsten gedrungen. Wie
viel Anteil an diesem göttlichen Werk gehört unsern Büh-

nen? Sind *sie* es nicht, die den Menschen mit dem Menschen bekannt machten und das geheime Räderwerk aufdeckten, nach welchem er handelt?

Eine merkwürdige Klasse von Menschen hat Ursache, dankbarer als alle übrigen gegen die Bühne zu sein. Hier nur hören die Großen der Welt, was sie nie oder selten hören – Wahrheit; was sie nie oder selten sehen, sehen sie hier – den Menschen.

So groß und vielfach ist das Verdienst der bessern Bühne um die sittliche Bildung; kein geringeres gebührt ihr um die ganze Aufklärung des Verstandes. Eben hier in dieser höhern Sphäre weiß der große Kopf, der feurige Patriot sie erst ganz zu gebrauchen.

Er wirft einen Blick durch das Menschengeschlecht, vergleicht Völker mit Völkern, Jahrhunderte mit Jahrhunderten und findet, wie sklavisch die größere Masse des Volks an Ketten des Vorurteils und der Meinung gefangen liegt, die seiner Glückseligkeit ewig entgegenarbeiten – daß die reinern Strahlen der Wahrheit nur wenige *einzelne* Köpfe beleuchten, welche den kleinen Gewinn vielleicht mit dem Aufwand eines ganzen Lebens erkauften. Wodurch kann der weise Gesetzgeber die Nation derselben teilhaftig machen?

Die Schaubühne ist der gemeinschaftliche Kanal, in welchen von dem denkenden bessern Teile des Volks das Licht der Weisheit herunterströmt und von da aus in mildern Strahlen durch den ganzen Staat sich verbreitet. Richtigere Begriffe, geläuterte Grundsätze, reinere Gefühle fließen von hier durch alle Adern des Volks; der Nebel der Barbarei, des finstern Aberglaubens verschwindet, die Nacht weicht dem siegenden Licht. Unter so vielen herrlichen Früchten der bessern Bühne will ich nur zwo auszeichnen. Wie allgemein ist nur seit wenigen Jahren die Duldung der Religionen und Sekten geworden? – Noch ehe uns Nathan der Jude und Saladin der Sarazene beschämten und die göttliche Lehre uns predigten, daß Ergebenheit in Gott von unserm Wähnen über Gott so gar nicht abhängig sei – ehe noch Joseph der Zweite die fürchterliche Hyder des frommen Hasses be-

kämpfte, pflanzte die Schaubühne Menschlichkeit und Sanft-
mut in unser Herz, die abscheulichen Gemälde heidnischer
Pfaffenwut lehrten uns Religionshaß vermeiden – in diesem
schrecklichen Spiegel wusch das Christentum seine Flecken
ab. Mit ebenso glücklichem Erfolge würden sich von der
Schaubühne Irrtümer der *Erziehung* bekämpfen lassen; das
Stück ist noch zu hoffen, wo dieses merkwürdige Thema behandelt wird. Keine Angelegenheit ist dem Staat durch ihre
Folgen so wichtig als diese, und doch ist keine so preisgege-
ben, keine dem Wahne, dem Leichtsinn des Bürgers so unein-
geschränkt anvertraut, wie es diese ist. Nur die Schaubühne
könnte die unglücklichen Schlachtopfer vernachlässigter Erziehung in rührenden erschütternden Gemälden an ihm vor-
überführen; hier könnten unsre Väter eigensinnigen Maximen entsagen, unsre Mütter vernünftiger lieben lernen. Fal-
sche Begriffe führen das beste Herz des Erziehers irre; desto
schlimmer, wenn sie sich noch mit *Methode* brüsten und den
zarten Schößling in Philanthropinen und Gewächshäusern
systematisch zugrund richten.
Nicht weniger ließen sich – verstünden es die Oberhäupter
und Vormünder des Staats – von der Schaubühne aus die
Meinungen der Nation über Regierung und Regenten zu-
rechtweisen. Die gesetzgebende Macht spräche hier durch
fremde Symbole zu dem Untertan, verantwortete sich gegen
seine Klagen, noch ehe sie laut werden, und bestäche seine
Zweifelsucht, ohne es zu scheinen. Sogar Industrie und Er-
findungsgeist könnten und würden vor dem Schauplatze
Feuer fangen, wenn die Dichter es der Mühe wert hielten,
Patrioten zu sein, und der Staat sich herablassen wollte, sie
zu hören.
Unmöglich kann ich hier den großen Einfluß übergehen, den
eine gute stehende Bühne auf den Geist der Nation haben
würde. Nationalgeist eines Volks nenne ich die Ähnlichkeit
und Übereinstimmung seiner Meinungen und Neigungen bei
Gegenständen, worüber eine andere Nation anders meint
und empfindet. Nur der Schaubühne ist es möglich, diese
Übereinstimmung in einem hohen Grad zu bewirken, weil sie

das ganze Gebiet des menschlichen Wissens durchwandert, alle Situationen des Lebens erschöpft und in alle Winkel des Herzens hinunterleuchtet; weil sie alle Stände und Klassen in sich vereinigt und den gebahntesten Weg zum Verstand und zum Herzen hat. Wenn in allen unsern Stücken *ein* Hauptzug herrschte, wenn unsre Dichter unter sich einig werden und einen festen Bund zu diesem Endzweck errichten wollten – wenn strenge Auswahl ihre Arbeiten leitete, ihr Pinsel nur Volksgegenständen sich weihte – mit einem Wort, wenn wir es erlebten, eine Nationalbühne zu haben, so würden wir auch eine Nation. Was kettete Griechenland so fest aneinander? Was zog das Volk so unwiderstehlich nach seiner Bühne? – Nichts anders als der vaterländische Inhalt der Stücke, der griechische Geist, das große überwältigende Interesse des Staats, der besseren Menschheit, das in denselbigen atmete.

Noch ein Verdienst hat die Bühne – ein Verdienst, das ich jetzt um so lieber in Anschlag bringe, weil ich vermute, daß ihr Rechtshandel mit ihren Verfolgern ohnehin schon gewonnen sein wird. Was bis hieher zu beweisen unternommen worden, daß sie auf Sitten und Aufklärung wesentlich wirke, war zweifelhaft – daß sie unter allen Erfindungen des Luxus und allen Anstalten zur gesellschaftlichen Ergötzlichkeit den Vorzug verdiene, haben selbst ihre Feinde gestanden. Aber was sie hier leistet, ist wichtiger, als man gewohnt ist zu glauben.

Die menschliche Natur erträgt es nicht, ununterbrochen und ewig auf der Folter der Geschäfte zu liegen; die Reize der Sinne sterben mit ihrer Befriedigung. Der Mensch, überladen von tierischem Genuß, der langen Anstrengung müde, vom ewigen Triebe nach Tätigkeit gequält, dürstet nach bessern auserlesenern Vergnügungen, oder stürzt zügellos in wilde Zerstreuungen, die seinen Hinfall beschleunigen und die Ruhe der Gesellschaft zerstören. Bacchantische Freuden, verderbliches Spiel, tausend Rasereien, die der Müßiggang aus-heckt, sind unvermeidlich, wenn der Gesetzgeber diesen Hang des Volks nicht zu lenken weiß. Der Mann von Ge-

schäften ist in Gefahr, ein Leben, das er dem Staat so großmütig hinopferte, mit dem unseligen Spleen abzubüßen – der
Gelehrte zum dumpfen Pedanten herabzusinken – der Pöbel
zum Tier. Die Schaubühne ist die Stiftung, wo sich Vergnügen mit Unterricht, Ruhe mit Anstrengung, Kurzweil mit
Bildung gattet, wo keine Kraft der Seele zum Nachteil der
andern gespannt, kein Vergnügen auf Unkosten des Ganzen
genossen wird. Wenn Gram an dem Herzen nagt, wenn trübe
Laune unsre einsamen Stunden vergiftet, wenn uns Welt und
Geschäfte anekeln, wenn tausend Lasten unsre Seele drük-
ken und unsre Reizbarkeit unter Arbeiten des Berufs zu ersticken droht, so empfängt uns die Bühne – in dieser künstlichen Welt träumen wir die wirkliche hinweg, wir werden
uns selbst wieder gegeben, unsre Empfindung erwacht, heilsame Leidenschaften erschüttern unsre schlummernde Natur
und treiben das Blut in frischeren Wallungen. Der Unglückliche weint hier mit fremdem Kummer seinen eigenen aus –
der Glückliche wird nüchtern und der Sichere besorgt. Der
empfindsame Weichling härtet sich zum Manne, der rohe
Unmensch fängt hier zum erstenmal zu empfinden an. Und
dann endlich – welch ein Triumph für dich, Natur! – so oft
zu Boden getretene, so oft wieder auferstehende Natur! –
wenn Menschen aus allen Kreisen und Zonen und Ständen,
abgeworfen jede Fessel der Künstelei und der Mode, heraus-
gerissen aus jedem Drange des Schicksals, durch *eine* allwe-
bende Sympathie verbrüdert, in *ein* Geschlecht wieder auf-
gelöst, ihrer selbst und der Welt vergessen und ihrem himmlischen Ursprung sich nähern. Jeder einzelne genießt die
Entzückungen aller, die verstärkt und verschönert aus hun-
dert Augen auf ihn zurückfallen, und seine Brust gibt jetzt
nur *einer* Empfindung Raum – es ist diese: ein *Mensch* zu
sein.

Über den Grund des Vergnügens an tragischen Gegenständen

Wie sehr auch einige neuere Ästhetiker sich's zum Geschäft machen, die Künste der Phantasie und Empfindung gegen den allgemeinen Glauben, daß sie auf Vergnügen abzwecken, wie gegen einen herabsetzenden Vorwurf zu verteidigen, so wird dieser Glaube dennoch, nach wie vor, auf seinem festen Grunde bestehen, und die schönen Künste werden ihren althergebrachten unabstreitbaren und wohltätigen Beruf nicht gern mit einem neuen vertauschen, zu welchem man sie großmütig erhöhen will. Unbesorgt, daß ihre auf unser Vergnügen abzielende Bestimmung sie erniedrige, werden sie vielmehr auf den Vorzug stolz sein, dasjenige unmittelbar zu leisten, was alle übrigen Richtungen und Tätigkeiten des menschlichen Geistes nur mittelbar erfüllen. Daß der Zweck der Natur mit dem Menschen seine Glückseligkeit sei, wenn auch der Mensch selbst in seinem moralischen Handeln von diesem Zwecke nichts wissen soll, wird wohl niemand bezweifeln, der überhaupt nur einen Zweck in der Natur annimmt. Mit dieser also, oder vielmehr mit ihrem Urheber haben die schönen Künste ihren Zweck gemein, Vergnügen auszuspenden und Glückliche zu machen. Spielend verleihen sie, was ihre ernstern Schwestern uns erst mühsam erringen lassen; sie verschenken, was dort erst der sauer erworbene Preis vieler Anstrengungen zu sein pflegt. Mit anspannendem Fleiße müssen wir die Vergnügungen des Verstandes, mit schmerzhaften Opfern die Billigung der Vernunft, die Freuden der Sinne durch harte Entbehrungen erkaufen, oder das Übermaß derselben durch eine Kette von Leiden büßen; die Kunst allein gewährt uns Genüsse, die nicht erst abverdient werden dürfen, die kein Opfer kosten, die durch keine Reue erkauft werden. Wer wird aber das Verdienst, auf diese Art zu ergötzen, mit dem armseligen Verdienst, zu belustigen, in eine Klasse setzen? Wer sich einfallen lassen, der schönen Kunst bloß des-

wegen jenen Zweck abzusprechen, weil sie über diesen erhaben ist?

Die wohlgemeinte Absicht, das Moralischgute überall als
höchsten Zweck zu verfolgen, die in der Kunst schon so
manches Mittelmäßige erzeugte und in Schutz nahm, hat
auch in der Theorie einen ähnlichen Schaden angerichtet.
Um den Künsten einen recht hohen Rang anzuweisen, um
ihnen die Gunst des Staats, die Ehrfurcht aller Menschen zu
erwerben, vertreibt man sie aus ihrem eigentümlichen Gebiet, um ihnen einen Beruf aufzudringen, der ihnen fremd
und ganz unnatürlich ist. Man glaubt ihnen einen großen
Dienst zu erweisen, indem man ihnen, anstatt des frivolen
Zwecks, zu ergötzen, einen moralischen unterschiebt, und ihr
so sehr in die Augen fallender Einfluß auf die Sittlichkeit
muß diese Behauptung unterstützen. Man findet es widersprechend, daß dieselbe Kunst, die den höchsten Zweck der
Menschheit in so großem Maße befördert, nur beiläufig diese
Wirkung leisten und einen so gemeinen Zweck, wie man sich
das Vergnügen denkt, zu ihrem letzten Augenmerk haben
sollte. Aber diesen anscheinenden Widerspruch würde, wenn
wir sie hätten, eine bündige Theorie des Vergnügens und
eine vollständige Philosophie der Kunst sehr leicht zu heben
imstande sein. Aus dieser würde sich ergeben, daß ein freies
Vergnügen, so wie die Kunst es hervorbringt, durchaus auf
moralischen Bedingungen beruhe, daß die ganze sittliche
Natur des Menschen dabei tätig sei. Aus ihr würde sich ferner ergeben, daß die Hervorbringung dieses Vergnügens ein
Zweck sei, der schlechterdings nur durch moralische Mittel
erreicht werden könne, daß also die Kunst, um das Vergnügen, als ihren wahren Zweck, vollkommen zu erreichen,
durch die Moralität ihren Weg nehmen müsse. Für die Wür-
digung der Kunst ist es aber vollkommen einerlei, ob ihr
Zweck ein moralischer sei, oder ob sie ihren Zweck nur durch
moralische Mittel erreichen könne, denn in beiden Fällen hat
sie es mit der Sittlichkeit zu tun und muß mit dem sittlichen
Gefühl im engsten Einverständnis handeln; aber für die
Vollkommenheit der Kunst ist es nichts weniger als einer-

lei, welches von beiden ihr Zweck und welches das Mittel
ist. Ist der Zweck selbst moralisch, so verliert sie das, wodurch sie allein mächtig ist, ihre Freiheit, und das, wodurch
sie so allgemein wirksam ist, den Reiz des Vergnügens. Das
Spiel verwandelt sich in ein ernsthaftes Geschäft; und doch
ist es gerade das Spiel, wodurch sie das Geschäft am besten
vollführen kann. Nur indem sie ihre *höchste* ästhetische Wirkung erfüllt, wird sie einen wohltätigen Einfluß auf die
Sittlichkeit haben; aber nur indem sie ihre völlige Freiheit
ausübt, kann sie ihre höchste ästhetische Wirkung erfüllen.
Es ist ferner gewiß, daß jedes Vergnügen, insofern es aus
sittlichen Quellen fließt, den Menschen sittlich verbessert,
und daß hier die Wirkung wieder zur Ursache werden muß.
Die Lust am Schönen, am Rührenden, am Erhabenen stärkt
unsre moralischen Gefühle, wie das Vergnügen am Wohl-
tun, an der Liebe usf. alle diese Neigungen stärkt. Ebenso,
wie ein vergnügter Geist das gewisse Los eines sittlich vor-
trefflichen Menschen ist, so ist sittliche Vortrefflichkeit gern
die Begleiterin eines vergnügten Gemüts. Die Kunst wirkt
also nicht deswegen allein sittlich, weil sie durch sittliche
Mittel ergötzt, sondern auch deswegen, weil das Vergnügen
selbst, das die Kunst gewährt, ein Mittel zur Sittlichkeit
wird.
Die Mittel, wodurch die Kunst ihren Zweck erreicht, sind
so vielfach, als es überhaupt Quellen eines freien Vergnügens gibt. Frei aber nenne ich dasjenige Vergnügen, wobei
die geistigen Kräfte, Vernunft und Einbildungskraft, tätig
sind, und wo die Empfindung durch eine Vorstellung erzeugt wird; im Gegensatz von dem physischen oder sinnlichen Vergnügen, wobei die Seele einer blinden Naturnotwendigkeit unterworfen wird und die Empfindung unmittelbar auf ihre physische Ursache erfolget. Die sinnliche Lust
ist die einzige, die vom Gebiet der schönen Kunst ausgeschlossen wird, und eine Geschicklichkeit, die sinnliche Lust
zu erwecken, kann sich nie oder alsdann nur zur Kunst erheben, wenn die sinnlichen Eindrücke nach einem Kunstplan
geordnet, verstärkt oder gemäßigt werden und diese Plan-

mäßigkeit durch die Vorstellung erkannt wird. Aber auch in diesem Fall wäre nur dasjenige an ihr Kunst, was der Gegenstand eines freien Vergnügens ist, nämlich der Geschmack in der Anordnung, der unsern Verstand ergötzt, nicht die physischen Reize selbst, die nur unsre Sinnlichkeit vergnügen.

Die allgemeine Quelle jedes, auch des sinnlichen Vergnügens ist Zweckmäßigkeit. Das Vergnügen ist sinnlich, wenn die Zweckmäßigkeit nicht durch die Vorstellungskräfte erkannt wird, sondern bloß durch das Gesetz der Notwendigkeit die Empfindung des Vergnügens zur physischen Folge hat. So erzeugt eine zweckmäßige Bewegung des Bluts und der Lebensgeister in einzelnen Organen oder in der ganzen Maschine die körperliche Lust mit allen ihren Arten und Modifikationen; wir fühlen diese Zweckmäßigkeit durch das Medium der angenehmen Empfindung, aber wir gelangen zu keiner, weder klaren noch verworrenen Vorstellung von ihr.

Das Vergnügen ist frei, wenn wir uns die Zweckmäßigkeit vorstellen und die angenehme Empfindung die Vorstellung begleitet; alle Vorstellungen also, wodurch wir Übereinstimmung und Zweckmäßigkeit erfahren, sind Quellen eines freien Vergnügens und insofern fähig, von der Kunst zu dieser Absicht gebraucht zu werden. Sie erschöpfen sich in folgenden Klassen: Gut, Wahr, Vollkommen, Schön, Rührend, Erhaben. Das Gute beschäftigt unsre Vernunft, das Wahre und Vollkommene den Verstand, das Schöne den Verstand mit der Einbildungskraft, das Rührende und Erhabene die Vernunft mit der Einbildungskraft. Zwar ergötzt auch schon der Reiz oder die zur Tätigkeit aufgeforderte Kraft, aber die Kunst bedient sich des Reizes nur, um die höhern Gefühle der Zweckmäßigkeit zu begleiten; allein betrachtet verliert er sich unter die Lebensgefühle, und die Kunst verschmäht ihn, wie alle sinnlichen Lüste.

Die Verschiedenheit der Quellen, aus welchen die Kunst das Vergnügen schöpft, das sie uns gewähret, kann für sich allein zu keiner Einteilung der Künste berechtigen, da in der-

selben Kunstklasse mehrere, ja oft alle Arten des Vergnügens zusammenfließen können. Aber insofern eine gewisse
Art derselben als Hauptzweck verfolgt wird, kann sie,
wenngleich nicht eine eigene Klasse, doch eine eigene Ansicht der Kunstwerke gründen. So z. B. könnte man diejenigen Künste, welche den Verstand und die Einbildungskraft
vorzugsweise befriedigen, diejenigen also, die das Wahre,
das Vollkommene, das Schöne zu ihrem Hauptzweck machen,
unter dem Namen der schönen Künste (Künste des Geschmacks, Künste des Verstandes) begreifen; diejenigen hingegen, die die Einbildungskraft mit der Vernunft vorzugsweise beschäftigen, also das Gute, das Erhabene und Rührende zu ihrem Hauptgegenstand haben, unter dem Namen
der rührenden Künste (Künste des Gefühls, des Herzens)
in eine besondere Klasse vereinigen. Zwar ist es unmöglich,
das Rührende von dem Schönen durchaus zu trennen, aber
sehr gut kann das Schöne ohne das Rührende bestehen.
Wenn also gleich diese verschiedene Ansicht zu keiner vollkommenen Einteilung der freien Künste berechtigt, so dient
sie wenigstens dazu, die Prinzipien zu Beurteilung derselben
näher anzugeben und der Verwirrung vorzubeugen, welche
unvermeidlich einreißen muß, wenn man bei einer Gesetzgebung in ästhetischen Dingen die ganz verschiedenen Felder
des Rührenden und des schönen verwechselt.
Das Rührende und Erhabene kommen darin überein, daß sie
Lust durch Unlust hervorbringen, daß sie uns also (da die
Lust aus Zweckmäßigkeit, der Schmerz aber aus dem Gegenteil entspringt) eine Zweckmäßigkeit zu empfinden geben,
die eine Zweckwidrigkeit voraussetzt.
Das Gefühl des Erhabenen besteht einerseits aus dem Gefühl unsrer Ohnmacht und Begrenzung, einen Gegenstand
zu umfassen, anderseits aber aus dem Gefühl unsrer Übermacht, welche vor keinen Grenzen erschrickt und dasjenige
sich geistig unterwirft, dem unsre sinnlichen Kräfte unterliegen. Der Gegenstand des Erhabenen widerstreitet also
unserm sinnlichen Vermögen, und diese Unzweckmäßigkeit
muß uns notwendig Unlust erwecken. Aber sie wird zu-

gleich eine Veranlassung, ein anderes Vermögen in uns zu unserm Bewußtsein zu bringen, welches demjenigen, woran die Einbildungskraft erliegt, überlegen ist. Ein erhabener Gegenstand ist also eben dadurch, daß er der Sinnlichkeit widerstreitet, zweckmäßig für die Vernunft und ergötzt durch das höhere Vermögen, indem er durch das niedrige schmerzt.

Rührung in seiner strengen Bedeutung bezeichnet die gemischte Empfindung des Leidens und der Lust an dem Leiden. Rührung kann man also nur dann über eigenes Unglück empfinden, wenn der Schmerz über dasselbe gemäßigt genug ist, um der Lust Raum zu lassen, die etwa ein mitleidender Zuschauer dabei empfindet. Der Verlust eines großen Guts schlägt uns heute zu Boden, und unser Schmerz rührt den Zuschauer; in einem Jahre erinnern wir uns dieses Leidens selbst mit Rührung. Der Schwache ist jederzeit ein Raub seines Schmerzens, der Held und der Weise werden vom höchsten eigenen Unglück nur gerührt.

Rührung enthält ebenso wie das Gefühl des Erhabenen zwei Bestandteile, Schmerz und Vergnügen; also hier wie dort liegt der Zweckmäßigkeit eine Zweckwidrigkeit zum Grunde. So scheint es eine Zweckwidrigkeit in der Natur zu sein, daß der Mensch leidet, der doch nicht zum Leiden bestimmt ist, und diese Zweckwidrigkeit tut uns wehe. Aber dieses Wehetun der Zweckwidrigkeit ist zweckmäßig für unsere vernünftige Natur überhaupt und, insofern es uns zur Tätigkeit auffordert, zweckmäßig für die menschliche Gesellschaft. Wir müssen also über die Unlust selbst, welche das Zweckwidrige in uns erregt, notwendig Lust empfinden, weil jene Unlust zweckmäßig ist. Um zu bestimmen, ob bei einer Rührung die Lust oder die Unlust hervorstechen werde, kommt es darauf an, ob die Vorstellung der Zweckwidrigkeit oder die der Zweckmäßigkeit die Oberhand behält. Dies kann nun entweder von der Menge der Zwecke, die erreicht oder verletzt werden, oder von ihrem Verhältnis zu dem letzten Zweck aller Zwecke abhängen.

Das Leiden des Tugendhaften rührt uns schmerzhafter als

das Leiden des Lasterhaften, weil dort nicht nur dem allgemeinen Zweck der Menschen, glücklich zu sein, sondern auch dem besondern, daß die Tugend glücklich mache, hier aber nur dem erstern widersprochen wird. Hingegen schmerzt uns das Glück des Bösewichts auch weit mehr als das Unglück des Tugendhaften, weil erstlich das Laster selbst und zweitens die Belohnung des Lasters eine Zweckwidrigkeit enthalten.

Außerdem ist die Tugend weit mehr geschickt, sich selbst zu belohnen, als das glückliche Laster, sich zu bestrafen; eben deswegen wird der Rechtschaffene im Unglück weit eher der Tugend getreu bleiben, als der Lasterhafte im Glück zur Tugend umkehren.

Vorzüglich aber kommt es bei Bestimmung des Verhältnisses der Lust zu der Unlust in Rührungen darauf an, ob der verletzte Zweck den erreichten oder der erreichte den, der verletzt wird, an Wichtigkeit übertreffen. Keine Zweckmäßigkeit geht uns so nah an als die moralische, und nichts geht über die Lust, die wir über diese empfinden. Die Naturzweckmäßigkeit könnte noch immer problematisch sein, die moralische ist uns erwiesen. Sie allein gründet sich auf unsre vernünftige Natur und auf innre Notwendigkeit. Sie ist uns die nächste, die wichtigste und zugleich die erkennbarste, weil sie durch nichts von außen, sondern durch ein innres Prinzip unsrer Vernunft bestimmt wird. Sie ist das Palladium unsrer Freiheit.

Diese moralische Zweckmäßigkeit wird am lebendigsten erkannt, wenn sie im Widerspruch mit andern die Oberhand behält; nur dann erweist sich die ganze Macht des Sittengesetzes, wenn es mit allen übrigen Naturkräften im Streit gezeigt wird und alle neben ihm ihre Gewalt über ein menschliches Herz verlieren. Unter diesen Naturkräften ist alles begriffen, was nicht moralisch ist, alles, was nicht unter der höchsten Gesetzgebung der Vernunft stehet; also Empfindungen, Triebe, Affekte, Leidenschaften so gut als die physische Notwendigkeit und das Schicksal. Je furchtbarer die Gegner, desto glorreicher der Sieg; der Widerstand allein kann die Kraft sichtbar machen. Aus diesem folgt, »daß das höchste Bewußtsein unsrer moralischen Natur nur in einem gewaltsamen Zustande, im Kampfe, erhalten werden kann, und daß das höchste moralische Vergnügen jederzeit von Schmerz begleitet sein wird«.

Diejenige Dichtungsart also, welche uns die moralische Lust in vorzüglichem Grade gewährt, muß sich eben deswegen der gemischten Empfindungen bedienen und uns durch den Schmerz ergötzen. Dies tut vorzugsweise die *Tragödie*, und ihr Gebiet umfaßt alle mögliche Fälle, in denen irgendeine Naturzweckmäßigkeit einer moralischen, oder auch eine moralische Zweckmäßigkeit der andern, die höher ist, aufgeopfert wird. Es wäre vielleicht nicht unmöglich, nach dem Verhältnis, in welchem die moralische Zweckmäßigkeit im Widerspruch mit der andern erkannt und empfunden wird, eine Stufenleiter des Vergnügens von der untersten bis zur höchsten hinaufzuführen und den Grad der angenehmen oder schmerzhaften Rührung a priori aus dem Prinzip der Zweckmäßigkeit bestimmt anzugeben. Ja vielleicht ließen sich aus eben diesem Prinzip bestimmte Ordnungen der Tragödie ableiten und alle mögliche Klassen derselben a priori in einer vollständigen Tafel erschöpfen; so, daß man imstande wäre, jeder gegebenen Tragödie ihren Platz anzuweisen und den Grad sowohl als die Art der Rührung im voraus zu berechnen, über den sie sich, vermöge ihrer Spezies, nicht erheben kann. Aber dieser Gegenstand bleibt einer eigenen Erörterung vorbehalten.

Wie sehr die Vorstellung der moralischen Zweckmäßigkeit der Naturzweckmäßigkeit in unserm Gemüt vorgezogen werde; wird aus einzelnen Beispielen einleuchtend zu erkennen sein.

Wenn wir Hüon und Amanda an den Marterpfahl gebunden sehen, beide aus freier Wahl bereit, lieber den fürchterlichen Feuertod zu sterben als durch Untreue gegen das Geliebte sich einen Thron zu erwerben – was macht uns wohl diesen Auftritt zum Gegenstand eines so himmlischen Vergnügens? Der Widerspruch ihres gegenwärtigen Zustands mit dem lachenden Schicksale, das sie verschmähten, die anscheinende Zweckwidrigkeit der Natur, welche Tugend mit Elend lohnt, die naturwidrige Verleugnung der Selbstliebe usf. sollten uns, da sie so viele Vorstellungen von Zweckwidrigkeit in unsre Seele rufen, mit dem empfindlichsten Schmerz erfüllen – aber was kümmert uns die Natur mit allen ihren Zwecken und Gesetzen, wenn sie durch ihre Zweckwidrigkeit eine Veranlassung wird, uns die moralische Zweckmäßigkeit in uns in ihrem vollesten Lichte zu zeigen? Die Erfahrung von der siegenden Macht des sittlichen Gesetzes, die wir bei diesem Anblick machen, ist ein so hohes, so wesentliches Gut, daß wir sogar versucht werden, uns mit dem Übel auszusöhnen, dem wir es zu verdanken haben. Übereinstimmung im Reich der Freiheit ergötzt uns unendlich mehr, als alle Widersprüche in der natürlichen Welt uns zu betrüben vermögen.

Wenn Koriolan, von der Gatten- und Kindes- und Bürgerpflicht besiegt, das schon so gut als eroberte Rom verläßt, seine Rache unterdrückt, sein Heer zurückführt und sich dem Haß eines eifersüchtigen Nebenbuhlers zum Opfer dahingibt, so begeht er offenbar eine sehr zweckwidrige Handlung; er verliert durch diesen Schritt nicht nur die Frucht aller bisherigen Siege, sondern rennt auch vorsätzlich seinem Verderben entgegen – aber wie trefflich, wie unaussprechlich groß ist es auf der andern Seite, den gröbsten Widerspruch mit der Neigung einem Widerspruch mit dem sittlichen Gefühl kühn vorzuziehen und auf solche Art, dem höchsten Interesse der Sinnlichkeit entgegen, gegen die Regeln der Klugheit zu verstoßen, um nur mit der höhern moralischen Pflicht übereinstimmend zu handeln? Jede Aufopferung des Lebens ist zweckwidrig, denn das Leben ist die Bedingung aller Güter; aber Aufopferung des Lebens in moralischer Absicht ist in hohem Grad zweckmäßig, denn das Leben ist nie für sich selbst, nie als Zweck, nur als Mittel zur Sittlichkeit wichtig. Tritt also ein Fall ein, wo die Hingebung des Lebens ein Mittel zur Sittlichkeit wird, so muß das Leben der Sittlichkeit nachstehen. »Es ist nicht nötig, daß ich lebe, aber es ist nötig, daß ich Rom vor dem Hunger schütze«, sagt der große Pompejus, da er nach Afrika schiffen soll und seine Freunde ihm anliegen, seine Abfahrt zu verschieben, bis der Seesturm vorüber sei.

Aber das Leben eines Verbrechers ist nicht weniger tragisch ergötzend als das Leiden des Tugendhaften; und doch erhalten wir hier die Vorstellung einer moralischen Zweckwidrigkeit. Der Widerspruch seiner Handlung mit dem Sittengesetz sollte uns mit Unwillen, die moralische Unvollkommenheit, die eine solche Art zu handeln voraussetzt, mit Schmerz erfüllen; wenn wir auch das Unglück der Schuldlosen nicht einmal in Anschlag brächten, die das Opfer davon werden. Hier ist keine Zufriedenheit mit der Moralität der Personen, die uns für den Schmerz zu entschädigen vermöchte, den wir über ihr Handeln und Leiden empfinden – und doch ist beides ein sehr dankbarer Gegenstand für die Kunst, bei dem wir mit hohem Wohlgefallen verweilen. Es wird nicht schwer sein, diese Erscheinung mit dem bisher Gesagten in Übereinstimmung zu zeigen.

Nicht allein der Gehorsam gegen das Sittengesetz gibt uns die Vorstellung moralischer Zweckmäßigkeit, auch der Schmerz über Verletzung desselben tut es. Die Traurigkeit, welche das Bewußtsein moralischer Unvollkommenheit erzeugt, ist zweckmäßig, weil sie der Zufriedenheit gegenübersteht, die das moralische Rechttun begleitet. Reue, Selbstverdammung, selbst in ihrem höchsten Grad, in der Verzweiflung, sind moralisch erhaben, weil sie nimmermehr empfunden werden könnten, wenn nicht tief in der Brust des Verbrechers ein unbestechliches Gefühl für Recht und Unrecht wachte und seine Aussprüche selbst gegen das feurigste Interesse der Selbstliebe geltend machte. Reue über eine Tat entspringt aus der Vergleichung derselben mit dem Sittengesetz und ist Mißbilligung dieser Tat, weil sie dem Sittengesetz widerstreitet. Also muß im Augenblick der Reue das Sittengesetz die höchste Instanz im Gemüt eines solchen Menschen sein; es muß ihm wichtiger sein als selbst der Preis des Verbrechens, weil das Bewußtsein des beleidigten Sittengesetzes ihm den Genuß dieses Preises vergällt. Der Zustand eines Gemüts aber, in welchem das Sittengesetz für die höchste Instanz erkannt wird, ist moralisch zweckmäßig, also eine Quelle moralischer Lust. Und was kann auch erhabener sein als jene heroische Verzweiflung, die alle Güter des Lebens, die das Leben selbst in den Staub tritt, weil sie die mißbilligende Stimme ihres innern Richters nicht ertragen und nicht übertäuben kann? Ob der Tugendhafte sein Leben freiwillig dahingibt, um dem Sittengesetz gemäß zu handeln – oder ob der Verbrecher unter dem Zwange des Gewissens sein Leben mit eigner Hand zerstört, um die Übertretung jenes Gesetzes an sich zu bestrafen, so steigt unsre Achtung für das Sittengesetz zu einem gleich hohen Grad empor; und, wenn ja noch ein Unterschied stattfände, so würde er vielmehr zum Vorteil des letztern ausfallen, da das beglückende Bewußtsein des Rechthandelns dem Tugendhaften seine Entschließung doch einigermaßen konnte erleichtert haben und das sittliche Verdienst an einer Handlung gerade um ebenso viel abnimmt, als Neigung und Lust daran Anteil haben. Reue und Verzweiflung über ein begangenes Verbrechen zeigen uns die Macht des Sittengesetzes nur später, nicht schwächer; es sind Gemälde der erhabensten Sittlichkeit, nur in einem gewaltsamen Zustand entworfen. Ein Mensch, der wegen einer verletzten moralischen Pflicht verzweifelt, tritt eben dadurch zum Gehorsam gegen dieselbe zurück, und je furchtbarer seine Selbstverdammung sich äußert, desto mächtiger sehen wir das Sittengesetz ihm gebieten.

Aber es gibt Fälle, wo das moralische Vergnügen nur durch einen moralischen Schmerz erkauft wird, und dies geschieht, wenn eine moralische Pflicht übertreten werden muß, um einer höhern und allgemeinern desto gemäßer zu handeln. Wäre Koriolan, anstatt seine eigene Vaterstadt zu belagern, vor Antium oder Korioli mit einem römischen Heere gestanden, wäre seine Mutter eine Volscierin gewesen, und ihre Bitten hätten die nämliche Wirkung auf ihn gehabt, so würde dieser Sieg der Kindespflicht den entgegengesetz-

ten Eindruck auf uns machen. Der Ehrerbietung gegen die
Mutter stände dann die weit höhere bürgerliche Verbindlichkeit entgegen, welche im Kollisionsfall vor jener den
Vorzug verdient. Jener Kommandant, dem die Wahl gelassen wird, entweder die Stadt zu übergeben oder seinen ge-
fangenen Sohn vor seinen Augen durchbohrt zu sehen, wählt
ohne Bedenken das letztere, weil die Pflicht gegen sein Kind
der Pflicht gegen sein Vaterland billig untergeordnet ist. Es
empört zwar im ersten Augenblick unser Herz, daß ein
Vater dem Naturtriebe und der Vaterpflicht so widersprechend handelt, aber es reißt uns bald zu einer süßen Bewunderung hin, daß sogar ein moralischer Antrieb, und wenn er
sich selbst mit der Neigung gattet, die Vernunft in ihrer Gesetzgebung nicht irre machen kann. Wenn der Korinthier
Timoleon einen geliebten, aber ehrsüchtigen Bruder Timo-
phanes ermorden läßt, weil seine Meinung von patriotischer
Pflicht ihn zu Vertilgung alles dessen, was die Republik in
Gefahr setzt, verbindet, so sehen wir ihn zwar nicht ohne
Entsetzen und Abscheu diese naturwidrige, dem moralischen
Gefühl so sehr widerstreitende Handlung begehen, aber unser Abscheu löst sich bald in die höchste Achtung der heroischen Tugend auf, die ihre Aussprüche gegen jeden fremden
Einfluß der Neigung behauptet und im stürmischen Widerstreit der Gefühle ebenso frei und ebenso richtig als im Zustand der höchsten Ruhe entscheidet. Wir können über repu-
blikanische Pflicht mit Timoleon ganz verschieden denken;
das ändert an unserm Wohlgefallen nichts. Vielmehr sind es
gerade solche Fälle, wo unser Verstand nicht auf der Seite
der handelnden Person ist, aus welchen man erkennt, wie
sehr wir Pflichtmäßigkeit über Zweckmäßigkeit, Einstimmung mit der Vernunft über die Einstimmung mit dem Verstande erheben.

Über keine moralische Erscheinung aber wird das Urteil der
Menschen so verschieden ausfallen als gerade über diese, und
der Grund dieser Verschiedenheit darf nicht weit gesucht
werden. Der moralische Sinn liegt zwar in allen Menschen,
aber nicht bei allen in derjenigen Stärke und Freiheit, wie er

bei Beurteilung dieser Fälle vorausgesetzt werden muß. Für
die meisten ist es genug, eine Handlung zu billigen, weil ihre
Einstimmung mit dem Sittengesetz leicht gefaßt wird, und
eine andere zu verwerfen, weil ihr Widerstreit mit diesem
Gesetz in die Augen leuchtet. Aber ein heller Verstand und
eine von jeder Naturkraft, also auch von moralischen Trie-
ben (insofern sie instinktartig wirken) unabhängige Vernunft wird erfordert, die Verhältnisse moralischer Pflichten
zu dem höchsten Prinzip der Sittlichkeit richtig zu bestimmen. Daher wird die nämliche Handlung, in welcher einige
wenige die höchste Zweckmäßigkeit erkennen, dem großen
Haufen als ein empörender Widerspruch erscheinen, obgleich beide ein moralisches Urteil fällen; daher rührt es,
daß die Rührung an solchen Handlungen nicht in der Allgemeinheit mitgeteilt werden kann, wie die Einheit der
menschlichen Natur und die Notwendigkeit des moralischen
Gesetzes erwarten läßt. Aber auch das wahrste und höchste
Erhabene ist, wie man weiß, vielen Überspannung und Un-
sinn, weil das Maß der Vernunft, die das Erhabene erkennt,
nicht in allen dasselbe ist. Eine kleine Seele sinkt unter der
Last so großer Vorstellungen dahin oder fühlt sich peinlich
über ihren moralischen Durchmesser auseinander gespannt.
Sieht nicht oft genug der gemeine Haufe da die häßlichste
Verwirrung, wo der denkende Geist gerade die höchste
Ordnung bewundert?

Soviel über das Gefühl der moralischen Zweckmäßigkeit,
insofern es der tragischen Rührung und unsrer Lust an dem
Leiden zum Grunde liegt. Aber es sind demohngeachtet Fälle
genug vorhanden, wo uns die Naturzweckmäßigkeit selbst
auf Unkosten der moralischen zu ergötzen scheint. Die
höchste Konsequenz eines Bösewichts in Anordnung seiner
Maschinen ergötzt uns offenbar, obgleich Anstalten und
Zweck unserm moralischen Gefühl widerstreiten. Ein solcher
Mensch ist fähig, unsre lebhafteste Teilnahme zu erwecken,
und wir zittern vor dem Fehlschlag derselben Plane, deren
Vereitlung wir, wenn es wirklich an dem wäre, daß wir
alles auf die moralische Zweckmäßigkeit beziehen, aufs feu-

rigste wünschen sollten. Aber auch diese Erscheinung hebt
dasjenige nicht auf, was bisher über das Gefühl der moralischen Zweckmäßigkeit und seinen Einfluß auf unser Vergnügen an tragischen Rührungen behauptet wurde.

Zweckmäßigkeit gewährt uns unter allen Umständen Vergnügen, sie beziehe sich entweder gar nicht auf das Sittliche, oder sie widerstreite demselben. Wir genießen dieses
Vergnügen rein, solange wir uns keines sittlichen Zwecks erinnern, dem dadurch widersprochen wird. Ebenso, wie wir
uns an dem verstandähnlichen Instinkt der Tiere, an dem
Kunstfleiß der Bienen u. dgl. ergötzen, ohne diese Naturzweckmäßigkeit auf einen verständigen Willen, noch weniger auf einen moralischen Zweck zu beziehen, so gewährt
uns die Zweckmäßigkeit eines jeden menschlichen Geschäfts
an sich selbst Vergnügen, sobald wir uns weiter nichts dabei
denken als das Verhältnis der Mittel zu ihrem Zweck. Fällt
es uns aber ein, diesen Zweck nebst seinen Mitteln auf ein
sittliches Prinzip zu beziehen, und entdecken wir alsdann
einen Widerspruch mit dem letztern, kurz, erinnern wir uns,
daß es die Handlung eines moralischen Wesens ist, so tritt
eine tiefe Indignation an die Stelle jenes ersten Vergnügens,
und keine noch so große Verstandeszweckmäßigkeit ist fähig,
uns mit der Vorstellung einer sittlichen Zweckwidrigkeit zu
versöhnen. Nie darf es uns lebhaft werden, daß dieser Richard III., dieser Jago, dieser Lovelace Menschen sind, sonst
wird sich unsre Teilnahme unausbleiblich in ihr Gegenteil
verwandeln. Daß wir aber ein Vermögen besitzen und auch
häufig genug ausüben, unsre Aufmerksamkeit von einer gewissen Seite der Dinge freiwillig abzulenken und auf eine
andre zu richten, daß das Vergnügen selbst, welches durch
diese Absonderung allein für uns möglich ist, uns dazu ein-
ladet und dabei festhält, wird durch die tägliche Erfahrung
bestätigt.

Nicht selten aber gewinnt eine geistreiche Bosheit vorzüglich deswegen unsre Gunst, weil sie ein Mittel ist, uns den
Genuß der moralischen Zweckmäßigkeit zu verschaffen. Je
gefährlicher die Schlingen sind, welche Lovelace Clarissens

Tugend legt, je härter die Proben sind, auf welche die erfinderische Grausamkeit eines Despoten die Standhaftigkeit seines unschuldigen Opfers stellt, in desto höherem Glanz sehen wir die moralische Zweckmäßigkeit triumphieren. Wir freuen uns über die Macht des moralischen Pflichtgefühls, welches die Erfindungskraft eines Verführers so sehr in Arbeit setzen kann. Hingegen rechnen wir dem konsequenten Bösewicht die Besiegung des moralischen Gefühls, von dem wir wissen, daß es sich notwendig in ihm regen mußte, zu einer Art von Verdienst an, weil es von einer gewissen Stärke der Seele und einer großen Zweckmäßigkeit des Verstandes zeugt, sich durch keine moralische Regung in seinem Handeln irre machen zu lassen.

Übrigens ist es unwidersprechlich, daß eine zweckmäßige Bosheit nur alsdann der Gegenstand eines vollkommenen Wohlgefallens werden kann, wenn sie vor der moralischen Zweckmäßigkeit zu Schanden wird. Dann ist sie sogar eine wesentliche Bedingung des höchsten Wohlgefallens, weil sie allein vermag, die Übermacht des moralischen Gefühls recht einleuchtend zu machen. Es gibt davon keinen überzeugendern Beweis als den letzten Eindruck, mit dem uns der Verfasser der Clarissa entläßt. Die höchste Verstandeszweckmäßigkeit, die wir in dem Verführungsplane des Lovelace unfreiwillig bewundern mußten, wird durch die Vernunftzweckmäßigkeit, welche Clarissa diesem furchtbaren Feind ihrer Unschuld entgegensetzt, glorreich übertroffen, und wir sehen uns dadurch in den Stand gesetzt, den Genuß beider in einem hohen Grad zu vereinigen.

Insoferne sich der tragische Dichter zum Ziel setzt, das Gefühl der moralischen Zweckmäßigkeit zu einem lebendigen Bewußtsein zu bringen, insofern er also die Mittel zu diesem Zwecke verständig wählt und anwendet, muß er den Kenner jederzeit auf eine gedoppelte Art, durch die moralische und durch die Naturzweckmäßigkeit, ergötzen. Durch jene wird er das Herz, durch diese den Verstand befriedigen. Der große Haufe erleidet gleichsam blind die von dem Künstler auf das Herz beabsichtete Wirkung, ohne die Magie zu durchblicken, vermittelst welcher die Kunst diese Macht über ihn ausübte. Aber es gibt eine gewisse Klasse von Kennern, bei denen der Künstler, gerade umgekehrt, die auf das Herz abgezielte Wirkung verliert, deren Geschmack er aber durch die Zweckmäßigkeit der dazu angewandten Mittel für sich gewinnen kann. In diesen sonderbaren Widerspruch artet öfters die feinste Kultur des Geschmacks aus, besonders wo die moralische Veredlung hinter der Bildung des Kopfes zurückbleibt. Diese Art Kenner suchen im Rührenden und Erhabenen nur das Verständige; dieses empfinden und prüfen sie mit dem richtigsten Geschmack, aber man hüte sich, an ihr Herz zu appellieren. Alter und Kultur führen uns dieser Klippe entgegen, und diesen nachteiligen Einfluß von beiden glücklich besiegen ist der höchste Charakterruhm des gebildeten Mannes. Unter Europens Nationen sind unsre Nachbarn die Franzosen diesem Extrem am nächsten geführt worden, und wir ringen, wie in allem so auch hier, diesem Muster nach.

Über die tragische Kunst

Der Zustand des Affekts für sich selbst, unabhängig von aller Beziehung seines Gegenstandes auf unsre Verbesserung oder Verschlimmerung, hat etwas Ergötzendes für uns; wir streben, uns in denselben zu versetzen, wenn es auch einige Opfer kosten sollte! Unsern gewöhnlichsten Vergnügungen liegt dieser Trieb zum Grunde; ob der Affekt auf Begierde oder Verabscheuung gerichtet, ob er seiner Natur nach angenehm oder peinlich sei, kommt dabei wenig in Betrachtung. Vielmehr lehrt die Erfahrung, daß der unangenehme Affekt den größern Reiz für uns habe und also die Lust am Affekt mit seinem Inhalt gerade in umgekehrtem Verhältnisse stehe. Es ist eine allgemeine Erscheinung in unsrer Natur, daß uns das Traurige, das Schreckliche, das Schauderhafte selbst mit unwiderstehlichem Zauber an sich lockt, daß wir uns von Auftritten des Jammers, des Entsetzens mit gleichen Kräften weggestoßen und wieder angezogen fühlen. Alles drängt sich voll Erwartung um den Erzähler einer Mordgeschichte; das abenteuerlichste Gespenstermärchen verschlingen wir mit Begierde, und mit desto größrer, je mehr uns dabei die Haare zu Berge steigen.

Lebhafter äußert sich diese Regung bei Gegenständen der wirklichen Anschauung. Ein Meersturm, der eine ganze Flotte versenkt, vom Ufer aus gesehen, würde unsere Phantasie ebenso stark ergötzen, als er unser fühlendes Herz empört; es dürfte schwer sein, mit dem Lukrez zu glauben, daß diese natürliche Lust aus einer Vergleichung unsrer eignen Sicherheit mit der wahrgenommenen Gefahr entspringe. Wie zahlreich ist nicht das Gefolge, das einen Verbrecher nach dem Schauplatz seiner Qualen begleitet! Weder das Vergnügen befriedigter Gerechtigkeitsliebe, noch die unedle Lust der gestillten Rachbegierde kann diese Erscheinung erklären. Dieser Unglückliche kann in dem Herzen der Zuschauer sogar entschuldigt, das aufrichtigste Mitleid für seine Erhaltung geschäftig sein; dennoch regt sich, stärker oder schwächer, ein neugieriges Verlangen bei dem Zuschauer, Aug' und

Ohr auf den Ausdruck seines Leidens zu richten. Wenn der Mensch von Erziehung und verfeinertem Gefühl hierin eine Ausnahme macht, so rührt dies nicht daher, daß dieser Trieb gar nicht in ihm vorhanden war, sondern daher, daß er von der schmerzhaften Stärke des Mitleids überwogen oder von den Gesetzen des Anstands in Schranken gehalten wird. Der rohe Sohn der Natur, den kein Gefühl zarter Menschlichkeit zügelt, überläßt sich ohne Scheu diesem mächtigen Zuge. Er muß also in der ursprünglichen Anlage des menschlichen Gemüts gegründet und durch ein allgemeines psychologisches Gesetz zu erklären sein.

Wenn wir aber auch diese rohen Naturgefühle mit der Würde der menschlichen Natur unverträglich finden und deswegen Anstand nehmen, ein Gesetz für die ganze Gattung darauf zu gründen, so gibt es noch Erfahrungen genug, die die Wirklichkeit und Allgemeinheit des Vergnügens an schmerzhaften Rührungen außer Zweifel setzen. Der peinliche Kampf entgegengesetzter Neigungen oder Pflichten, der für denjenigen, der ihn erleidet, eine Quelle des Elends ist, ergötzt uns in der Betrachtung; wir folgen mit immer steigender Lust den Fortschritten einer Leidenschaft bis zu dem Abgrund, in welchen sie ihr unglückliches Opfer hinabzieht. Das nämliche zarte Gefühl, das uns von dem Anblick eines physischen Leidens oder auch von dem physischen Ausdruck eines moralischen zurückschreckt, läßt uns in der Sympathie mit dem reinen moralischen Schmerz eine nur desto süßere Lust empfinden. Das Interesse ist allgemein, mit dem wir bei Schilderungen solcher Gegenstände verweilen.

Natürlicherweise gilt dies nur von dem mitgeteilten oder nachempfundnen Affekt, denn die nahe Beziehung, in welcher der ursprüngliche zu unsrem Glückseligkeitstriebe steht, beschäftigt und besitzt uns gewöhnlich zu sehr, um der Lust Raum zu lassen, die er, frei von jeder eigennützigen Beziehung, für sich selbst gewährt. So ist bei demjenigen, der wirklich von einer schmerzhaften Leidenschaft beherrscht wird, das Gefühl des Schmerzens überwiegend, so sehr die Schilderung seiner Gemütslage den Hörer oder Zuschauer entzücken kann. Dem ungeachtet ist selbst der ursprüngliche schmerzhafte Affekt für denjenigen, der ihn erleidet, nicht ganz an Vergnügen leer; nur sind die Grade dieses Vergnügens nach der Gemütsbeschaffenheit der Menschen verschieden. Läge nicht auch in der Unruhe, im Zweifel, in der Furcht ein Genuß, so würden Hasardspiele ungleich weniger Reiz für uns haben, so würde man sich nie aus tollkühnem Mut in Gefahren stürzen, so könnte selbst die Sympathie mit fremden Leiden gerade im Moment der höchsten Illusion und im stärksten Grad der Verwechslung nicht am lebhaftesten ergötzen. Dadurch aber wird nicht gesagt, daß die unangenehmen Affekte an und für sich selbst Lust gewähren, welches zu behaupten wohl niemand sich einfallen lassen wird; es ist genug, wenn diese Zustände des Gemüts bloß die Bedingungen abgeben, unter welchen allein gewisse Arten des Vergnügens für uns möglich sind. Gemüter also, welche für *diese* Arten des Vergnügens vorzüglich empfänglich und vorzüglich darnach lüstern sind, werden sich leichter mit diesen unangenehmen Bedingungen versöhnen und auch in den heftigsten Stürmen der Leidenschaft ihre Freiheit nicht ganz verlieren.

Von der Beziehung seines Gegenstandes auf unser sinnliches oder sittliches Vermögen rührt die Unlust her, welche wir bei widrigen Affekten empfinden, so wie die Lust bei den angenehmen aus eben diesen Quellen entspringt. Nach dem Verhältnis nun, in welchem die sittliche Natur eines Menschen zu seiner sinnlichen steht, richtet sich auch der Grad der Freiheit, der in Affekten behauptet werden kann; und da nun bekanntlich im Moralischen keine Wahl für uns stattfindet, der sinnliche Trieb hingegen der Gesetzgebung der Vernunft unterworfen und also in unsrer Gewalt ist, wenigstens sein soll, so leuchtet ein, daß es möglich ist, in allen denjenigen Affekten, welche mit dem eigennützigen Trieb zu tun haben, eine vollkommene Freiheit zu behalten und über den Grad Herr zu sein, den sie erreichen sollen. Dieser wird in eben dem Maße schwächer sein, als der moralische Sinn über den Glückseligkeitstrieb bei einem Menschen die Ober-

gewalt behauptet und die eigennützige Anhänglichkeit an
sein individuelles Ich durch den Gehorsam gegen allgemeine
Vernunftgesetze vermindert wird. Ein solcher Mensch wird
also im Zustand des Affekts die Beziehung eines Gegenstandes auf seinen Glückseligkeitstrieb weit weniger empfinden
und folglich auch weit weniger von der Unlust erfahren,
die nur aus dieser Beziehung entspringt; hingegen wird er
desto mehr auf das Verhältnis merken, in welchem eben dieser Gegenstand zu seiner Sittlichkeit steht, und eben darum
auch desto empfänglicher für die Lust sein, welche die Beziehung aufs Sittliche nicht selten in die peinlichsten Leiden der
Sinnlichkeit mischt. Eine solche Verfassung des Gemüts ist
am fähigsten, das Vergnügen des Mitleids zu genießen und
selbst den ursprünglichen Affekt in den Schranken des Mitleids zu erhalten. Daher der hohe Wert einer Lebensphilosophie, welche durch stete Hinweisung auf allgemeine Gesetze das Gefühl für unsere Individualität entkräftet, im
Zusammenhange des großen Ganzen unser kleines Selbst uns
verlieren lehrt und uns dadurch in den Stand setzt, mit uns
selbst wie mit Fremdlingen umzugehen. Diese erhabene
Geistesstimmung ist das Los starker und philosophischer
Gemüter, die durch fortgesetzte Arbeit an sich selbst den
eigennützigen Trieb unterjochen gelernt haben. Auch der
schmerzhafteste Verlust führt sie nicht über eine ruhige
Wehmut hinaus, mit der sich noch immer ein merklicher
Grad des Vergnügens gatten kann. Sie, die allein fähig sind,
sich von sich selbst zu trennen, genießen allein das Vorrecht,
an sich selbst teilzunehmen und eigenes Leiden in dem mil-
den Widerschein der Sympathie zu empfinden.
Schon das Bisherige enthält Winke genug, die uns auf die
Quellen des Vergnügens, das der Affekt an sich selbst, und
vorzüglich der traurige, gewährt, aufmerksam machen. Es
ist größer, wie man gesehen hat, in moralischen Gemütern
und wirkt desto freier, je mehr das Gemüt von dem eigennützigen Triebe unabhängig ist. Es ist ferner lebhafter und
stärker in traurigen Affekten, wo die Selbstliebe gekränkt
wird, als in fröhlichen, welche eine Befriedigung derselben

voraussetzen: also wächst es, wo der eigennützige Trieb be-
leidigt, und nimmt ab, wo diesem Triebe geschmeichelt
wird. Wir kennen aber nicht mehr als zweierlei Quellen des
Vergnügens, die Befriedigung des Glückseligkeitstriebes und
die Erfüllung moralischer Gesetze; eine Lust also, von der
man bewiesen hat, daß sie nicht aus der erstern Quelle ent-
sprang, muß notwendig aus der zweiten ihren Ursprung nehmen. Aus unserer moralischen Natur also quillt die Lust hervor, wodurch uns schmerzhafte Affekte in der Mitteilung
entzücken und, auch sogar ursprünglich empfunden, in gewissen Fällen noch angenehm rühren.

Man hat es auf mehrere Art versucht, das Vergnügen des
Mitleids zu erklären; aber die wenigsten Auflösungen konn-
ten befriedigend ausfallen, weil man den Grund der Erscheinung lieber in begleitenden Umständen als in der Natur
des Affekts selbst aufsuchte. Vielen ist das Vergnügen des
Mitleids nichts anders als das Vergnügen der Seele an ihrer
Empfindsamkeit; andern die Lust an starkbeschäftigten
Kräften, lebhafter Wirksamkeit des Begehrungsvermögens,
kurz an einer Befriedigung des Tätigkeitstriebes; andre lassen sie aus der Entdeckung sittlich schöner Charakterzüge,
die der Kampf mit dem Unglück und mit der Leidenschaft
sichtbar mache, entspringen. Noch immer aber bleibt unaufgelöst, warum gerade die Pein selbst, das eigentliche Leiden,
bei Gegenständen des Mitleids uns am mächtigsten anzieht,
da nach jenen Erklärungen ein schwächerer Grad des Leidens den angeführten Ursachen unsrer Lust an der Rührung
offenbar günstiger sein müßte. Die Lebhaftigkeit und Stärke
der in unsrer Phantasie erweckten Vorstellungen, die sittliche Vortrefflichkeit der leidenden Personen, der Rückblick
des mitleidenden Subjekts auf sich selbst können die Lust
an Rührungen wohl erhöhen, aber sie sind die Ursache nicht,
die sie hervorbringt. Das Leiden einer schwachen Seele, der
Schmerz eines Bösewichts gewähren uns diesen Genuß freilich nicht; aber deswegen nicht, weil sie unser Mitleid nicht
in dem Grade wie der leidende Held oder der kämpfende
Tugendhafte erregen. Stets also kehrt die erste Frage zurück,

warum eben just der Grad des Leidens den Grad der sym-
pathetischen Lust an einer Rührung bestimme, und sie kann
auf keine andere Art beantwortet werden, als daß gerade
der Angriff auf unsre Sinnlichkeit die Bedingung sei, diejenige Kraft des Gemüts aufzuregen, deren Tätigkeit jenes
Vergnügen an sympathetischem Leiden erzeugt.
Diese Kraft nun ist keine andre als die Vernunft, und insofern die freie Wirksamkeit derselben, als absolute Selbsttätigkeit, vorzugsweise den Namen der Tätigkeit verdient,
insofern sich das Gemüt nur in seinem sittlichen Handeln
vollkommen unabhängig und frei fühlt, insofern ist es freilich der befriedigte Trieb der Tätigkeit, von welchem unser
Vergnügen an traurigen Rührungen seinen Ursprung zieht.
Aber so ist es auch nicht die Menge, nicht die Lebhaftigkeit
der Vorstellungen, nicht die Wirksamkeit des Begehrungsvermögens überhaupt, sondern eine bestimmte Gattung der
erstern, und eine bestimmte, durch Vernunft erzeugte Wirksamkeit des letztern, was diesem Vergnügen zum Grund
liegt.
Der mitgeteilte Affekt überhaupt hat also etwas Ergötzendes für uns, weil er den Tätigkeitstrieb befriedigt; der traurige Affekt leistet jene Wirkung in einem höhern Grade,
weil er diesen Trieb in einem höhern Grade befriedigt. Nur
im Zustand seiner vollkommenen Freiheit, nur im Bewußtsein seiner vernünftigen Natur äußert das Gemüt seine
höchste Tätigkeit, weil es da allein eine Kraft anwendet,
die jedem Widerstand überlegen ist.
Derjenige Zustand des Gemüts also, der vorzugsweise diese
Kraft zu ihrer Verkündigung bringt, diese höhere Tätigkeit
weckt, ist der zweckmäßigste für ein vernünftiges Wesen
und für den Tätigkeitstrieb der befriedigendste; er muß also
mit einem vorzüglichen Grade von Lust verknüpft sein*. In
einen solchen Zustand versetzt uns der traurige Affekt, und
die Lust an demselben muß die Lust an fröhlichen Affekten

* Siehe die Abhandlung über den Grund des Vergnügens an tragischen
Gegenständen.

in eben dem Grad übertreffen, als das sittliche Vermögen in
uns über das sinnliche erhaben ist.

Was in dem ganzen System der Zwecke nur ein untergeord-
netes Glied ist, darf die Kunst aus diesem Zusammenhang
absondern und als Hauptzweck verfolgen. Für die Natur
mag das Vergnügen nur ein mittelbarer Zweck sein, für die
Kunst ist es der höchste. Es gehört also vorzüglich zum
Zweck der letztern, das hohe Vergnügen nicht zu vernach-
lässigen, das in der traurigen Rührung enthalten ist. Diejenige Kunst aber, welche sich das Vergnügen des Mitleids
insbesondre zum Zweck setzt, heißt die tragische Kunst im
allgemeinsten Verstande.

Die Kunst erfüllt ihren Zweck durch Nachahmung der Natur, indem sie die Bedingungen erfüllt, unter welchen das
Vergnügen in der Wirklichkeit möglich wird, und die zer-
streuten Anstalten der Natur zu diesem Zwecke nach einem
verständigen Plan vereinigt, um das, was diese bloß zu ihrem Nebenzweck machte, als letzten Zweck zu erreichen.
Die tragische Kunst wird also die Natur in denjenigen
Handlungen nachahmen, welche den mitleidenden Affekt
vorzüglich zu erwecken vermögen.

Um also der tragischen Kunst ihr Verfahren im allgemeinen
vorzuschreiben, ist es vor allem nötig, die Bedingungen zu
wissen, unter welchen nach der gewöhnlichen Erfahrung das
Vergnügen der Rührung am gewissesten und am stärksten
erzeugt zu werden pflegt; zugleich aber auch auf diejenigen
Umstände aufmerksam zu machen, welche es einschränken
oder gar zerstören.

Zwei entgegengesetzte Ursachen gibt die Erfahrung an, welche das Vergnügen an Rührungen hindern: wenn das Mitleid entweder zu schwach, oder wenn es so stark erregt wird,
daß der mitgeteilte Affekt zu der Lebhaftigkeit eines ursprünglichen übergeht. Jenes kann wieder entweder an der
Schwäche des Eindrucks liegen, den wir von dem ursprünglichen Leiden erhalten, in welchem Falle wir sagen, daß unser Herz kalt bleibt, und wir weder Schmerz noch Vergnügen empfinden; oder es liegt an stärkern Empfindungen,

welche den empfangenen Eindruck bekämpfen und durch ihr Übergewicht im Gemüt das Vergnügen des Mitleids schwächen oder gänzlich ersticken.

Nach dem, was im vorhergehenden Aufsatz über den Grund des Vergnügens an tragischen Gegenständen behauptet wurde, ist bei jeder tragischen Rührung die Vorstellung einer Zweckwidrigkeit, welche, wenn die Rührung ergötzend sein soll, jederzeit auf eine Vorstellung von höherer Zweckmäßigkeit leitet. Auf das Verhältnis dieser beiden entgegengesetzten Vorstellungen untereinander kommt es nun an, ob bei einer Rührung die Lust oder die Unlust hervorstechen soll. Ist die Vorstellung der Zweckwidrigkeit lebhafter als die des Gegenteils, oder ist der verletzte Zweck von größerer Wichtigkeit als der erfüllte, so wird jederzeit die Unlust die Oberhand behalten; es mag dieses nun objektiv von der menschlichen Gattung überhaupt, oder bloß subjektiv von besondern Individuen gelten.

Wenn die Unlust über die Ursache eines Unglücks zu stark wird, so schwächt sie unser Mitleid mit demjenigen, der es leidet. Zwei ganz verschiedne Empfindungen können nicht zu gleicher Zeit in einem hohen Grade in dem Gemüte vorhanden sein. Der Unwille über den Urheber des Leidens wird zum herrschenden Affekt, und jedes andere Gefühl muß ihm weichen. So schwächt es jederzeit unseren Anteil, wenn sich der Unglückliche, den wir bemitleiden sollen, aus eigner unverzeihlicher Schuld in sein Verderben gestürzt hat, oder sich auch aus Schwäche des Verstandes und aus Kleinmut nicht, da er es doch könnte, aus demselben zu ziehen weiß. Unserm Anteil an dem unglücklichen, von seinen undankbaren Töchtern mißhandelten Lear schadet es nicht wenig, daß dieser kindische Alte seine Krone so leichtsinnig hingab und seine Liebe so unverständig unter seinen Töchtern verteilte. In dem Cronegkischen Trauerspiel Olint und Sophronia kann selbst das fürchterlichste Leiden, dem wir diese beiden Märtyrer ihres Glaubens ausgesetzt sehen, unser Mitleid, und ihr erhabener Heroismus unsre Bewunderung nur schwach erregen, weil der Wahnsinn allein eine Hand-

lung begehen kann, wie diejenige ist, wodurch Olint sich
selbst und sein ganzes Volk an den Rand des Verderbens
führte.

Unser Mitleid wird nicht weniger geschwächt, wenn der Urheber eines Unglücks, dessen schuldlose Opfer wir bemitleiden sollen, unsre Seele mit Abscheu erfüllt. Es wird jederzeit der höchsten Vollkommenheit seines Werks Abbruch
tun, wenn der tragische Dichter nicht ohne einen Bösewicht
auskommen kann, und wenn er gezwungen ist, die Größe
des Leidens von der Größe der Bosheit herzuleiten. Shakespeares Jago und Lady Macbeth, Kleopatra in der Rodogune, Franz Moor in den Räubern zeugen für diese Behauptung. Ein Dichter, der sich auf seinen wahren Vorteil versteht, wird das Unglück nicht durch einen bösen Willen, der
Unglück beabsichtet, noch viel weniger durch einen Mangel
des Verstandes, sondern durch den Zwang der Umstände
herbeiführen. Entspringt dasselbe nicht aus moralischen
Quellen, sondern von äußerlichen Dingen, die weder Willen
haben, noch einem Willen unterworfen sind, so ist das Mitleid reiner und wird zum wenigsten durch keine Vorstellung
moralischer Zweckwidrigkeit geschwächt. Aber dann kann
dem teilnehmenden Zuschauer das unangenehme Gefühl
einer Zweckwidrigkeit in der Natur nicht erlassen werden,
welche in diesem Fall allein die moralische Zweckmäßigkeit
retten kann. Zu einem weit höhern Grad steigt das Mitleid,
wenn sowohl derjenige, welcher leidet, als derjenige, welcher
Leiden verursacht, Gegenstände desselben werden. Dies kann
nur dann geschehen, wenn der letztere weder unsern Haß
noch unsre Verachtung erregte, sondern wider seine Neigung
dahin gebracht wird, Urheber des Unglücks zu werden. So
ist es eine vorzügliche Schönheit in der deutschen Iphigenia,
daß der taurische König, der einzige, der den Wünschen
Orests und seiner Schwester im Wege steht, nie unsre Achtung
verliert und uns zuletzt noch Liebe abnötigt.

Diese Gattung des Rührenden wird noch von derjenigen
übertroffen, wo die Ursache des Unglücks nicht allein nicht
der Moralität widersprechend, sondern sogar durch Morali-

tät allein möglich ist, und wo das wechselseitige Leiden bloß
von der Vorstellung herrührt, daß man Leiden erweckte.
Von dieser Art ist die Situation Chimenens und Roderichs
im Cid des Peter Corneille; ohnstreitig, was die Verwicklung
betrifft, dem Meisterstück der tragischen Bühne. Ehrliebe
und Kindespflicht bewaffnen Roderichs Hand gegen den
Vater seiner Geliebten, und Tapferkeit macht ihn zum Über-
winder desselben; Ehrliebe und Kindespflicht erwecken ihm
in Chimenen, der Tochter des Erschlagenen, eine furchtbare
Anklägerin und Verfolgerin. Beide handeln ihrer Neigung
entgegen, welche vor dem Unglück des verfolgten Gegenstandes ebenso ängstlich zittert, als eifrig sie die moralische
Pflicht macht, dieses Unglück herbeizurufen. Beide also gewinnen unsre höchste Achtung, weil sie auf Kosten der Neigung eine moralische Pflicht erfüllen; beide entflammen
unser Mitleid aufs höchste, weil sie freiwillig und aus einem
Beweggrund leiden, der sin in hohem Grade achtungswürdig
macht. Hier also wird unser Mitleid so wenig durch widrige
Gefühle gestört, daß es vielmehr in doppelter Flamme auf-
lodert; bloß die Unmöglichkeit, mit der höchsten Würdigkeit
zum Glücke die Idee des Unglücks zu vereinbaren, könnte
unsre sympathische Lust noch durch eine Wolke des Schmerzens trüben. Wieviel auch schon dadurch gewonnen wird,
daß unser Unwille über diese Zweckwidrigkeit kein moralisches Wesen betrifft, sondern an den unschädlichsten Ort,
auf die Notwendigkeit abgeleitet wird, so ist eine blinde
Unterwürfigkeit unter das Schicksal immer demütigend und
kränkend für freie, sich selbst bestimmende Wesen. Dies ist
es, was uns auch in den vortrefflichsten Stücken der griechischen Bühne etwas zu wünschen übrig läßt, weil in allen
diesen Stücken zuletzt an die Notwendigkeit appelliert wird
und für unsre vernunftfordernde Vernunft immer ein unauf-
gelöster Knoten zurückbleibt. Aber auf der höchsten und
letzten Stufe, welche der moralischgebildete Mensch er-
klimmt, und zu welcher die rührende Kunst sich erheben
kann, löst sich auch dieser, und jeder Schatten von Unlust
verschwindet mit ihm. Dies geschieht, wenn selbst diese Un-

zufriedenheit mit dem Schicksal hinwegfällt und sich in die
Ahnung oder lieber in ein deutliches Bewußtsein einer teleo-
logischen Verknüpfung der Dinge, einer erhabenen Ordnung, eines gütigen Willens verliert. Dann gesellt sich zu
unserm Vergnügen an moralischer Übereinstimmung die er-
quickende Vorstellung der vollkommensten Zweckmäßigkeit
im großen Ganzen der Natur, und die scheinbare Verletzung derselben, welche uns in dem einzelnen Falle Schmerzen erweckte, wird bloß ein Stachel für unsre Vernunft, in
allgemeinen Gesetzen eine Rechtfertigung dieses besondern
Falles aufzusuchen und den einzelnen Mißlaut in der großen
Harmonie aufzulösen. Zu dieser reinen Höhe tragischer Rührung hat sich die griechische Kunst nie erhoben, weil weder
die Volksreligion, noch selbst die Philosophie der Griechen
ihnen so weit voranleuchtete. Der neuern Kunst, welche den
Vorteil genießt, von einer geläuterten Philosophie einen reinern Stoff zu empfangen, ist es aufbehalten, auch diese
höchste Forderung zu erfüllen und so die ganze moralische
Würde der Kunst zu entfalten. Müssen wir Neuern wirklich
darauf Verzicht tun, griechische Kunst je wieder herzustel-
len, da der philosophische Genius des Zeitalters und die moderne Kultur überhaupt der Poesie nicht günstig sind, so
wirken sie weniger nachteilig auf die tragische Kunst, welche
mehr auf dem Sittlichen ruht. Ihr allein ersetzt vielleicht
unsre Kultur den Raub, den sie an der Kunst überhaupt ver-
übte.

So wie die tragische Rührung durch Einmischung widriger
Vorstellungen und Gefühle geschwächt und dadurch die Lust
an derselben vermindert wird, so kann sie im Gegenteil
durch zu große Annäherung an den ursprünglichen Affekt
zu einem Grade ausschweifen, der den Schmerz überwiegend macht. Es ist bemerkt worden, daß die Unlust in Affekten von der Beziehung ihres Gegenstandes auf unsere
Sinnlichkeit, so wie die Lust an denselben von der Beziehung des Affekts selbst auf unsre Sittlichkeit seinen Ursprung nehme. Es wird also zwischen Sinnlichkeit und Sittlichkeit ein bestimmtes Verhältnis vorausgesetzt, welches

das Verhältnis der Unlust zu der Lust in traurigen Rührungen entscheidet, und welches nicht verändert oder umgekehrt werden kann, ohne zugleich die Gefühle von Lust und Unlust bei Rührungen umzukehren oder in ihr Gegenteil zu verwandeln. Je lebhafter die Sinnlichkeit erwacht, desto schwächer wird die Sittlichkeit wirken, und umgekehrt, je mehr jene von ihrer Macht verliert, desto mehr wird diese an Stärke gewinnen. Was also der Sinnlichkeit in unserm Gemüte ein Übergewicht gibt, muß notwendigerweise, weil es die Sittlichkeit einschränkt, unser Vergnügen an Rührungen vermindern, das allein aus dieser Sittlichkeit fließt; so wie alles, was dieser letztern in unserm Gemüt einen Schwung gibt, sogar in ursprünglichen Affekten dem Schmerz seinen Stachel nimmt. Unsre Sinnlichkeit erlangt aber dieses Übergewicht wirklich, wenn sich die Vorstellungen des Leidens zu einem solchen Grade der Lebhaftigkeit erheben, der uns keine Möglichkeit übrigläßt, den mitgeteilten Affekt von einem ursprünglichen, unser eigenes Ich von dem leidenden Subjekt, oder Wahrheit von Dichtung zu unterscheiden. Sie erlangt gleichfalls das Übergewicht, wenn ihr durch Anhäufung ihrer Gegenstände und durch das blendende Licht, das eine aufgeregte Einbildungskraft darüber verbreitet, Nahrung gegeben wird. Nichts hingegen ist geschickter, sie in ihre Schranken zurückzuweisen, als der Beistand übersinnlicher, sittlicher Ideen, an denen sich die unterdrückte Vernunft, wie an geistigen Stützen, aufrichtet, um sich über den trüben Dunstkreis der Gefühle in einen heitrern Horizont zu erheben. Daher der große Reiz, welchen allgemeine Wahrheiten oder Sittensprüche, an der rechten Stelle in den dramatischen Dialog eingestreut, für alle gebildete Völker gehabt haben, und der fast übertriebene Gebrauch, den schon die Griechen davon machten. Nichts ist einem sittlichen Gemüte willkommener, als nach einem lang anhaltenden Zustand des bloßen Leidens aus der Dienstbarkeit der Sinne zur Selbsttätigkeit geweckt und in seine Freiheit wieder eingesetzt zu werden.

Soviel von den Ursachen, welche unser Mitleid einschränken

und dem Vergnügen an der traurigen Rührung im Wege
stehen. Jetzt sind die Bedingungen aufzuzählen, unter welchen das Mitleid befördert und die Lust der Rührung am
unfehlbarsten und am stärksten erweckt wird.

Alles Mitleid setzt Vorstellungen des Leidens voraus, und
nach der Lebhaftigkeit, Wahrheit, Vollständigkeit und
Dauer der letztern richtet sich auch der Grad der erstern.

1. Je lebhafter die Vorstellungen, desto mehr wird das
Gemüt zur Tätigkeit eingeladen, desto mehr wird seine Sinn-
lichkeit gereizt, desto mehr also auch sein sittliches Ver-
mögen zum Widerstand aufgefordert. Vorstellungen des
Leidens lassen sich aber auf zwei verschiedenen Wegen erhal-
ten, welche der Lebhaftigkeit des Eindrucks nicht auf gleiche
Art günstig sind. Ungleich stärker affizieren uns Leiden,
von denen wir Zeugen sind, als solche, die wir erst durch
Erzählung oder Beschreibung erfahren. Jene heben das freie
Spiel unsrer Einbildungskraft auf und dringen, da sie unsre
Sinnlichkeit unmittelbar treffen, auf dem kürzesten Weg
zu unserm Herzen. Bei der Erzählung hingegen wird das
Besondre erst zum Allgemeinen erhoben und aus diesem
dann das Besondre erkannt, also schon durch diese notwendige Operation des Verstandes dem Eindruck sehr viel von
seiner Stärke entzogen. Ein schwacher Eindruck aber wird
sich des Gemüts nicht ungeteilt bemächtigen und fremdartigen Vorstellungen Raum geben, seine Wirkung zu stören
und die Aufmerksamkeit zu zerstreuen. Sehr oft versetzt uns
auch die erzählende Darstellung aus dem Gemütszustand
der handelnden Personen in den des Erzählers, welches die
zum Mitleid so notwendige Täuschung unterbricht. Sooft
der Erzähler in eigner Person sich vordringt, entsteht ein
Stillstand in der Handlung und darum unvermeidlich auch
in unserm teilnehmenden Affekt; dies ereignet sich selbst
dann, wenn sich der dramatische Dichter im Dialog vergißt
und der sprechenden Person Betrachtungen in den Mund legt,
die nur ein kalter Zuschauer anstellen konnte. Von diesem
Fehler dürfte schwerlich eine unsrer neuern Tragödien frei
sein, doch haben ihn die französischen allein zur Regel er-

hoben. Unmittelbare lebendige Gegenwart und Versinn-
lichung sind also nötig, unsern Vorstellungen vom Leiden
diejenige Stärke zu geben, die zu einem hohen Grade von
Rührung erfordert wird.

2. Aber wir können die lebhaftesten Eindrücke von einem
Leiden erhalten, ohne doch zu einem merklichen Grad des
Mitleids gebracht zu werden, wenn es diesen Eindrücken an
Wahrheit fehlt. Wir müssen uns einen Begriff von dem Leiden machen, an dem wir teilnehmen sollen; dazu gehört eine
Übereinstimmung desselben mit etwas, was schon vorher in
uns vorhanden ist. Die Möglichkeit des Mitleids beruht
nämlich auf der Wahrnehmung oder Voraussetzung einer
Ähnlichkeit zwischen uns und dem leidenden Subjekt. Überall, wo diese Ähnlichkeit sich erkennen läßt, ist das Mitleid
notwendig; wo sie fehlt, unmöglich. Je sichtbarer und größer die Ähnlichkeit, desto lebhafter unser Mitleid; je gerin-
ger jene, desto schwächer auch dieses. Es müssen, wenn wir
den Affekt eines andern ihm nachempfinden sollen, alle innern Bedingungen zu diesem Affekt in uns selbst vorhanden
sein, damit die äußre Ursache, die durch ihre Vereinigung
mit jenen dem Affekt die Entstehung gab, auch auf uns eine
gleiche Wirkung äußern könne. Wir müssen, ohne uns Zwang
anzutun, die Person mit ihm zu wechseln, unser eigenes Ich
seinem Zustande augenblicklich unterzuschieben fähig sein.
Wie ist es aber möglich, den Zustand eines andern in uns zu
empfinden, wenn wir nicht uns zuvor in diesem andern gefunden haben?

Diese Ähnlichkeit geht auf die ganze Grundlage des Gemüts,
insofern diese notwendig und allgemein ist. Allgemeinheit
und Notwendigkeit aber enthält vorzugsweise unsre sittliche
Natur. Das sinnliche Vermögen kann durch zufällige Ursachen anders bestimmt werden; selbst unsre Erkenntnisver-
mögen sind von veränderlichen Bedingungen abhängig; unsre
Sittlichkeit allein ruht auf sich selbst und ist eben darum am
tauglichsten, einen allgemeinen und sichern Maßstab dieser
Ähnlichkeit abzugeben. Eine Vorstellung also, welche wir
mit unsrer Form, zu denken und zu empfinden, übereinstim-

mend finden, welche mit unsrer eigenen Gedankenreihe schon
in gewisser Verwandtschaft steht, welche von unserm Gemüt
mit Leichtigkeit aufgefaßt wird, nennen wir wahr. Betrifft
die Ähnlichkeit das Eigentümliche unsers Gemüts, die besondern Bestimmungen des allgemeinen Menschencharakters in
uns, welche sich unbeschadet dieses allgemeinen Charakters
hinwegdenken lassen, so hat diese Vorstellung bloß Wahrheit
für *uns*; betrifft sie die allgemeine und notwendige Form,
welche wir bei der ganzen Gattung voraussetzen, so ist die
Wahrheit der objektiven gleich zu achten. Für den Römer
hat der Richterspruch des ersten Brutus, der Selbstmord des
Cato subjektive Wahrheit. Die Vorstellungen und Gefühle,
aus denen die Handlungen dieser beiden Männer fließen,
folgen nicht unmittelbar aus der allgemeinen, sondern mittelbar aus einer besonders bestimmten menschlichen Natur.
Um diese Gefühle mit ihnen zu teilen, muß man eine römische Gesinnung besitzen, oder doch zu augenblicklicher An-
nahme der letztern fähig sein. Hingegen braucht man bloß
Mensch überhaupt zu sein, um durch die heldenmütige Aufopferung eines Leonidas, durch die ruhige Ergebung eines
Aristid, durch den freiwilligen Tod eines Sokrates in eine
hohe Rührung versetzt, um durch den schrecklichen Glücks-
wechsel eines Darius zu Tränen hingerissen zu werden. Solchen Vorstellungen räumen wir, im Gegensatz mit jenen,
objektive Wahrheit ein, weil sie mit der Natur aller Sub-
jekte übereinstimmen und dadurch eine ebenso strenge Allgemeinheit und Notwendigkeit erhalten, als wenn sie von
jeder subjektiven Bedingung unabhängig wären.
Übrigens ist die subjektiv wahre Schilderung, weil sie auf
zufällige Bestimmungen geht, darum nicht mit willkürli-
chen zu verwechseln. Zuletzt fließt auch das subjektiv Wahre
aus der allgemeinen Einrichtung des menschlichen Gemüts,
welche bloß durch besondere Umstände besonders bestimmt
ward, und beide sind gleich notwendige Bedingungen desselben. Die Entschließung des Cato könnte, wenn sie den allgemeinen Gesetzen der menschlichen Natur widerspräche, auch
nicht mehr subjektiv wahr sein. Nur haben Darstellungen

der letztern Art einen engern Wirkungskreis, weil sie noch
andre Bestimmungen als jene allgemeinen voraussetzen. Die
tragische Kunst kann sich ihrer mit großer intensiver Wirkung bedienen, wenn sie der extensiven entsagen will; doch
wird das unbedingt Wahre, das bloß Menschliche in menschlichen Verhältnissen stets ihr ergiebigster Stoff sein, weil sie
bei diesem allein, ohne darum auf die Stärke des Eindrucks
Verzicht tun zu müssen, der Allgemeinheit desselben versichert ist.

3. Zu der Lebhaftigkeit und Wahrheit tragischer Schilderungen wird drittens noch Vollständigkeit verlangt. Alles,
was von außen gegeben werden muß, um das Gemüt in die
abgezweckte Bewegung zu setzen, muß in der Vorstellung
erschöpft sein. Wenn sich der noch so römischgesinnte Zuschauer den Seelenzustand des Cato zu eigen machen, wenn
er die letzte Entschließung dieses Republikaners zu der seinigen machen soll, so muß er diese Entschließung nicht bloß
in der Seele des Römers, auch in den Umständen gegründet
finden, so muß ihm die äußere sowohl als innre Lage desselben in ihrem ganzen Zusammenhang und Umfang vor
Augen liegen, so darf auch kein einziges Glied aus der Kette
von Bestimmungen fehlen, an welche sich der letzte Entschluß des Römers als notwendig anschließt. Überhaupt ist
selbst die Wahrheit einer Schilderung ohne diese Vollständigkeit nicht erkennbar, denn nur die Ähnlichkeit der Umstände, welche wir vollkommen einsehen müssen, kann unser Urteil über die Ähnlichkeit der Empfindungen rechtfertigen, weil nur aus der Vereinigung der äußern und innern
Bedingungen der Affekt entspringt. Wenn entschieden werden soll, ob wir wie Cato würden gehandelt haben, so müssen wir uns vor allen Dingen in Catos ganze äußere Lage
hineindenken, und dann erst sind wir befugt, unsre Empfindungen gegen die seinigen zu halten, einen Schluß auf
die Ähnlichkeit zu machen und über die Wahrheit derselben
ein Urteil zu fällen.

Diese Vollständigkeit der Schilderung ist nur durch Verknüpfung mehrerer einzelnen Vorstellungen und Empfin-

dungen möglich, die sich gegeneinander als Ursache und
Wirkung verhalten und in ihrem Zusammenhang ein Ganzes
für unsre Erkenntnis ausmachen. Alle diese Vorstellungen
müssen, wenn sie uns lebhaft rühren sollen, einen unmittelbaren Eindruck auf unsre Sinnlichkeit machen und, weil die
erzählende Form jederzeit diesen Eindruck schwächt, durch
eine gegenwärtige Handlung veranlaßt werden. Zur Vollständigkeit einer tragischen Schilderung gehört also eine
Reihe einzelner versinnlichter Handlungen, welche sich zu
der tragischen Handlung als zu einem Ganzen verbinden.
4. Fortdauernd endlich müssen die Vorstellungen des Leidens auf uns wirken, wenn ein hoher Grad von Rührung
durch sie erweckt werden soll. Der Affekt, in welchen uns
fremde Leiden versetzen, ist für uns ein Zustand des Zwan-
ges, aus welchem wir eilen, uns zu befreien, und allzuleicht
verschwindet die zum Mitleid so unentbehrliche Täuschung.
Das Gemüt muß also an diese Vorstellungen gewaltsam gefesselt und der Freiheit beraubt werden, sich der Täuschung
zu frühzeitig zu entreißen. Die Lebhaftigkeit der Vorstellungen und die Stärke der Eindrücke, welche unsre Sinnlichkeit
überfallen, ist dazu allein nicht hinreichend; denn je heftiger das empfangende Vermögen gereizt wird, desto stärker
äußert sich die rückwirkende Kraft der Seele, um diesen
Eindruck zu besiegen. Diese selbsttätige Kraft aber darf der
Dichter nicht schwächen, der uns rühren will; denn eben im
Kampfe derselben mit dem Leiden der Sinnlichkeit liegt
der hohe Genuß, den uns die traurigen Rührungen gewähren. Wenn also das Gemüt, seiner widerstrebenden Selbsttätigkeit ungeachtet, an die Empfindungen des Leidens ge-
heftet bleiben soll, so müssen diese periodenweise geschickt
unterbrochen, ja von entgegengesetzten Empfindungen abge-
löst werden – um alsdann mit zunehmender Stärke zurück-
zukehren und die Lebhaftigkeit des ersten Eindrucks desto
öfter zu erneuern. Gegen Ermattung, gegen die Wirkungen
der Gewohnheit ist der Wechsel der Empfindungen das
kräftigste Mittel. Dieser Wechsel frischt die erschöpfte Sinnlichkeit wieder an, und die Gradation der Eindrücke weckt

das selbsttätige Vermögen zum verhältnismäßigen Widerstand. Unaufhörlich muß dieses geschäftig sein, gegen den Zwang der Sinnlichkeit seine Freiheit zu behaupten, aber nicht früher als am Ende den Sieg erlangen und noch weit weniger im Kampf unterliegen; sonst ist es im ersten Falle um das Leiden, im zweiten um die Tätigkeit getan, und nur die Vereinigung von beiden erweckt ja die Rührung. In der geschickten Führung dieses Kampfes beruht eben das große Geheimnis der tragischen Kunst; da zeigt sie sich in ihrem glänzendsten Lichte.

Auch dazu ist nun eine Reihe abwechselnder Vorstellungen, also eine zweckmäßige Verknüpfung mehrerer, diesen Vorstellungen entsprechender Handlungen notwendig, an denen sich die Haupthandlung und durch sie der abgezielte tragische Eindruck vollständig, wie ein Knäuel von der Spindel, abwindet und das Gemüt zuletzt wie mit einem unzerreißbaren Netze umstrickt. Der Künstler, wenn mir dieses Bild hier verstattet ist, sammelt erst wirtschaftlich alle einzelnen Strahlen des Gegenstandes, den er zum Werkzeug seines tragischen Zweckes macht, und sie werden unter seinen Händen zum Blitz, der alle Herzen entzündet. Wenn der Anfänger den ganzen Donnerstrahl des Schreckens und der Furcht auf einmal und fruchtlos in die Gemüter schleudert, so gelangt jener Schritt vor Schritt durch lauter kleine Schläge zum Ziel und durchdringt eben dadurch die Seele ganz, daß er sie nur allmählich und gradweise rührte.

Wenn wir nunmehr die Resultate aus den bisherigen Untersuchungen ziehen, so sind es folgende Bedingungen, welche der tragischen Rührung zum Grund liegen. Erstlich muß der Gegenstand unsers Mitleids zu unsrer Gattung im ganzen Sinn dieses Worts gehören und die Handlung, an der wir teilnehmen sollen, eine moralische, d. i. unter dem Gebiet der Freiheit begriffen sein. Zweitens muß uns das Leiden, seine Quellen und seine Grade, in einer Folge verknüpfter Begebenheiten vollständig mitgeteilt und zwar drittens sinnlich vergegenwärtigt, nicht mittelbar durch Beschreibung,

sondern unmittelbar durch Handlung dargestellt werden.
Alle diese Bedingungen vereinigt und erfüllt die Kunst in
der Tragödie.

Die Tragödie wäre demnach dichterische Nachahmung einer
zusammenhängenden Reihe von Begebenheiten (einer vollständigen Handlung), welche uns Menschen in einem Zustand des Leidens zeigt und zur Absicht hat, unser Mitleid
zu erregen.

Sie ist erstlich Nachahmung einer Handlung. Der Begriff
der Nachahmung unterscheidet sie von den übrigen Gattungen der Dichtkunst, welche bloß erzählen oder beschreiben.
In Tragödien werden die einzelnen Begebenheiten im Augenblick ihres Geschehens, als gegenwärtig, vor die Einbildungskraft oder vor die Sinne gestellt; unmittelbar, ohne Einmischung eines dritten. Die Epopöe, der Roman, die einfache
Erzählung rücken die Handlung, schon ihrer Form nach, in
die Ferne, weil sie zwischen den Leser und die handelnden
Personen den Erzähler einschieben. Das Entfernte, das Vergangene schwächt aber, wie bekannt ist, den Eindruck und
den teilnehmenden Affekt; das Gegenwärtige verstärkt ihn.
Alle erzählende Formen machen das Gegenwärtige zum
Vergangenen; alle dramatische machen das Vergangene gegenwärtig.

Die Tragödie ist zweitens Nachahmung einer Reihe von Begebenheiten, einer Handlung. Nicht bloß die Empfindungen
und Affekte der tragischen Personen, sondern die Begebenheiten, aus denen sie entsprangen und auf deren Veranlassung sie sich äußern, stellt sie nachahmend dar; dies unterscheidet sie von den lyrischen Dichtungsarten, welche zwar
ebenfalls gewisse Zustände des Gemüts poetisch nachahmen,
aber nicht Handlungen. Eine Elegie, ein Lied, eine Ode
können uns die gegenwärtige, durch besondere Umstände bedingte Gemütsbeschaffenheit des Dichters (sei es in seiner
eignen Person oder in idealischer) nachahmend vor Augen
stellen, und insoferne sind sie zwar unter dem Begriff der
Tragödie mit enthalten, aber sie machen ihn noch nicht aus,
weil sie sich bloß auf Darstellungen von Gefühlen einschrän-

ken. Noch wesentlichere Unterschiede liegen in dem verschiedenen Zweck dieser Dichtungsarten.

Die Tragödie ist drittens Nachahmung einer vollständigen Handlung. Ein einzelnes Ereignis, wie tragisch es auch sein mag, gibt noch keine Tragödie. Mehrere als Ursache und Wirkung ineinander gegründete Begebenheiten müssen sich miteinander zweckmäßig zu einem Ganzen verbinden, wenn die Wahrheit, d. i. die Übereinstimmung eines vorgestellten Affekts, Charakters und dergleichen mit der Natur unsrer Seele, auf welche allein sich unsre Teilnahme gründet, erkannt werden soll. Wenn wir es nicht fühlen, daß wir selbst bei gleichen Umständen ebenso würden gelitten und ebenso gehandelt haben, so wird unser Mitleid nie erwachen. Es kommt also darauf an, daß wir die vorgestellte Handlung in ihrem ganzen Zusammenhang verfolgen, daß wir sie aus der Seele ihres Urhebers durch eine natürliche Gradation unter Mitwirkung äußrer Umstände hervorfließen sehen. So entsteht und wächst und vollendet sich vor unsern Augen die Neugier des Oedipus, die Eifersucht des Othello. So kann auch allein der große Abstand ausgefüllt werden, der sich zwischen dem Frieden einer schuldlosen Seele und den Gewissensqualen eines Verbrechers, zwischen der stolzen Sicherheit eines Glücklichen und seinem schrecklichen Untergang, kurz, der sich zwischen der ruhigen Gemütsstimmung des Lesers am Anfang und der heftigen Aufregung seiner Empfindungen am Ende der Handlung findet.

Eine Reihe mehrerer zusammenhängender Vorfälle wird erfordert, einen Wechsel der Gemütsbewegungen in uns zu erregen, der die Aufmerksamkeit spannt, der jedes Vermögen unsers Geistes aufbietet, den ermattenden Tätigkeitstrieb ermuntert und durch die verzögerte Befriedigung ihn nur desto heftiger entflammt. Gegen die Leiden der Sinnlichkeit findet das Gemüt nirgends als in der Sittlichkeit Hilfe. Diese also desto dringender aufzufordern, muß der tragische Künstler die Martern der Sinnlichkeit verlängern; aber auch dieser muß er Befriedigung zeigen, um jener den Sieg desto schwerer und rühmlicher zu machen. Beides

ist nur durch eine Reihe von Handlungen möglich, die mit
weiser Wahl zu dieser Absicht verbunden sind.

Die Tragödie ist viertens poetische Nachahmung einer mit-
leidswürdigen Handlung, und dadurch wird sie der historischen entgegengesetzt. Das letztere würde sie sein, wenn sie
einen historischen Zweck verfolgte, wenn sie darauf aus-
ginge, von geschehenen Dingen und von der Art ihres Geschehens zu unterrichten. In diesem Falle müßte sie sich
streng an historische Richtigkeit halten, weil sie einzig nur
durch treue Darstellung des wirklich Geschehenen ihre Absicht erreichte. Aber die Tragödie hat einen poetischen
Zweck, d. i. sie stellt eine Handlung dar, um zu rühren und
durch Rührung zu ergötzen. Behandelt sie also einen gegebenen Stoff nach diesem ihrem Zwecke, so wird sie eben
dadurch in der Nachahmung frei; sie erhält Macht, ja Verbindlichkeit, die historische Wahrheit den Gesetzen der
Dichtkunst unterzuordnen und den gegebenen Stoff nach
ihrem Bedürfnisse zu bearbeiten. Da sie aber ihren Zweck,
die Rührung, nur unter der Bedingung der höchsten Übereinstimmung mit den Gesetzen der Natur zu erreichen imstande ist, so steht sie, ihrer historischen Freiheit unbeschadet, unter dem strengen Gesetz der Naturwahrheit, welche
man im Gegensatz von der historischen die poetische Wahrheit nennt. So läßt sich begreifen, wie bei strenger Beobachtung der historischen Wahrheit nicht selten die poetische
leiden, und umgekehrt bei grober Verletzung der historischen
die poetische nur um so mehr gewinnen kann. Da der tragische Dichter, so wie überhaupt jeder Dichter, nur unter
dem Gesetz der poetischen Wahrheit steht, so kann die ge-
wissenhafteste Beobachtung der historischen ihn nie von seiner Dichterpflicht lossprechen, nie einer Übertretung der
poetischen Wahrheit, nie einem Mangel des Interesse zur
Entschuldigung gereichen. Es verrät daher sehr beschränkte
Begriffe von der tragischen Kunst, ja von der Dichtkunst
überhaupt, den Tragödiendichter vor das Tribunal der Geschichte zu ziehen und Unterricht von demjenigen zu fordern, der sich schon vermöge seines Namens bloß zu Rüh-

rung und Ergötzung verbindlich macht. Sogar dann, wenn sich der Dichter selbst durch eine ängstliche Unterwürfigkeit gegen historische Wahrheit seines Künstlervorrechts begeben und der Geschichte eine Gerichtsbarkeit über sein Produkt stillschweigend eingeräumt haben sollte, fordert die Kunst ihm mit allem Rechte vor ihren Richterstuhl, und ein Tod Hermanns, eine Minona, ein Fust von Stromberg würden, wenn sie hier die Prüfung nicht aushielten, bei noch so pünktlicher Befolgung des Kostüme, des Volks- und des Zeitcharakters mittelmäßige Tragödien heißen.

Die Tragödie ist fünftens Nachahmung einer Handlung, welche uns Menschen im Zustand des Leidens zeigt. Der Ausdruck »Menschen« ist hier nichts weniger als müßig und dient dazu, die Grenzen genau zu bezeichnen, in welche die Tragödie in der Wahl ihrer Gegenstände eingeschränkt ist. Nur das Leiden sinnlichmoralischer Wesen, dergleichen wir selbst sind, kann unser Mitleid erwecken. Wesen also, die sich von aller Sittlichkeit lossprechen, wie sich der Aberglaube des Volks oder die Einbildungskraft der Dichter die bösen Dämonen malt, und Menschen, welche ihnen gleichen, – Wesen ferner, die von dem Zwange der Sinnlichkeit befreit sind, wie wir uns die reinen Intelligenzen denken, und Menschen, die sich in höherm Grade, als die menschliche Schwachheit erlaubt, diesem Zwange entzogen haben, sind gleich untauglich für die Tragödie. Überhaupt bestimmt schon der Begriff des Leidens, und eines Leidens, an dem wir teilnehmen sollen, daß nur Menschen im vollen Sinne dieses Worts der Gegenstand desselben sein können. Eine reine Intelligenz kann nicht leiden, und ein menschliches Subjekt, das sich dieser reinen Intelligenz in ungewöhnlichem Grade nähert, kann, weil es in seiner sittlichen Natur einen zu schnellen Schutz gegen die Leiden einer schwachen Sinnlichkeit findet, nie einen großen Grad von Pathos erwecken. Ein durchaus sinnliches Subjekt ohne Sittlichkeit, und solche, die sich ihm nähern, sind zwar des fürchterlichsten Grades von Leiden fähig, weil ihre Sinnlichkeit in überwiegendem Grade wirkt, aber von keinem sittlichen Gefühl aufgerichtet, wer-

den sie diesem Schmerz zum Raube – und von einem Leiden,
von einem durchaus hilflosen Leiden, von einer absoluten
Untätigkeit der Vernunft wenden wir uns mit Unwillen und
Abscheu hinweg. Der tragische Dichter gibt also mit Recht
den gemischten Charakteren den Vorzug, und das Ideal seines Helden liegt in gleicher Entfernung zwischen dem ganz
Verwerflichen und dem Vollkommenen.

Die Tragödie endlich vereinigt alle diese Eigenschaften, um
den mitleidigen Affekt zu erregen. Mehrere von den Anstalten, welche der tragische Dichter macht, ließen sich ganz
füglich zu einem andern Zweck, z. B. einem moralischen,
einem historischen u. a. benutzen; daß er aber gerade diesen
und keinen andern sich vorsetzt, befreit ihn von allen Forderungen, die mit diesem Zweck nicht zusammenhängen, verpflichtet ihn aber auch zugleich, bei jeder besondern Anwendung der bisher aufgestellten Regeln sich nach diesem letzten Zwecke zu richten.

Der letzte Grund, auf den sich alle Regeln für eine bestimmte Dichtungsart beziehen, heißt der Zweck dieser Dichtungsart; die Verbindung der Mittel, wodurch eine Dichtungsart ihren Zweck erreicht, heißt ihre Form. Zweck und
Form stehen also miteinander in dem genauesten Verhältnis.
Diese wird durch jenen bestimmt und als notwendig vorgeschrieben, und der erfüllte Zweck wird das Resultat der
glücklich beobachteten Form sein.

Da jede Dichtungsart einen ihr eigentümlichen Zweck verfolgt, so wird sie sich eben deswegen durch eine eigentümliche Form von den übrigen unterscheiden, denn die Form
ist das Mittel, durch welches sie ihren Zweck erreicht. Eben
das, was sie ausschließend vor den übrigen leistet, muß sie
vermöge derjenigen Beschaffenheit leisten, die sie vor den
übrigen ausschließend besitzt. Der Zweck der Tragödie ist:
Rührung; ihre Form: Nachahmung einer zum Leiden füh-
renden Handlung. Mehrere Dichtungsarten können mit der
Tragödie einerlei Handlung zu ihrem Gegenstand haben.
Mehrere Dichtungsarten können den Zweck der Tragödie,
die Rührung, wenngleich nicht als Hauptzweck, verfolgen.

Das Unterscheidende der letztern besteht also im Verhältnis der Form zu dem Zwecke, d. i. in der Art und Weise, wie sie ihren Gegenstand in Rücksicht auf ihren Zweck behandelt, wie sie ihren Zweck durch ihren Gegenstand erreicht.

Wenn der Zweck der Tragödie ist, den mitleidigen Affekt zu erregen, ihre Form aber das Mittel ist, durch welches sie diesen Zweck erreicht, so muß Nachahmung einer rührenden Handlung der Inbegriff aller Bedingungen sein, unter welchen der mitleidige Affekt am stärksten erregt wird. Die Form der Tragödie ist also die günstigste, um den mitleidigen Affekt zu erregen.

Das Produkt einer Dichtungsart ist vollkommen, in welchem die eigentümliche Form dieser Dichtungsart zu Erreichung ihres Zweckes am besten benutzt worden ist. Eine Tragödie also ist vollkommen, in welcher die tragische Form, nämlich die Nachahmung einer rührenden Handlung, am besten benutzt worden ist, den mitleidigen Affekt zu erregen. Diejenige Tragödie würde also die vollkommenste sein, in welcher das erregte Mitleid weniger Wirkung des Stoffs als der am besten benutzten tragischen Form ist. Diese mag für das Ideal der Tragödie gelten.

Viele Trauerspiele, sonst voll hoher poetischer Schönheit, sind dramatisch tadelhaft, weil sie den Zweck der Tragödie nicht durch die beste Benutzung der tragischen Form zu erreichen suchen; andre sind es, weil sie durch die tragische Form einen andern Zweck als den der Tragödie erreichen. Nicht wenige unsrer beliebtesten Stücke rühren uns einzig des Stoffes wegen, und wir sind großmütig oder unaufmerksam genug, diese Eigenschaft der Materie dem ungeschickten Künstler als Verdienst anzurechnen. Bei andern scheinen wir uns der Absicht gar nicht zu erinnern, in welcher uns der Dichter im Schauspielhause versammelt hat, und zufrieden, durch glänzende Spiele der Einbildungskraft und des Witzes angenehm unterhalten zu sein, bemerken wir nicht einmal, daß wir ihn mit kaltem Herzen verlassen. Soll die ehrwürdige Kunst (denn das ist sie, die zu dem göttlichen Teil unsers Wesens spricht) ihre Sache durch solche Kämpfer

vor solchen Kampfrichtern führen? – Die Genügsamkeit des
Publikums ist nur ermunternd für die Mittelmäßigkeit, aber
beschimpfend und abschreckend für das Genie.

Über das Pathetische

Darstellung des Leidens – als bloßen Leidens – ist niemals Zweck der Kunst, aber als Mittel zu ihrem Zweck ist sie derselben äußerst wichtig. Der letzte Zweck der Kunst ist die Darstellung des Übersinnlichen, und die tragische Kunst insbesondere bewerkstelligt dieses dadurch, daß sie uns die moralische Independenz von Naturgesetzen im Zustand des Affekts versinnlicht. Nur der Widerstand, den es gegen die Gewalt der Gefühle äußert, macht das freie Prinzip in uns kenntlich; der Widerstand aber kann nur nach der Stärke des Angriffs geschätzt werden. Soll sich also die Intelligenz im Menschen als eine von der Natur unabhängige Kraft offenbaren, so muß die Natur ihre ganze Macht erst vor unsern Augen bewiesen haben. Das Sinnenwesen muß tief und heftig leiden; Pathos muß da sein, damit das Vernunftwesen seine Unabhängigkeit kundtun und sich handelnd darstellen könne.

Man kann niemals wissen, ob die Fassung des Gemüts eine Wirkung seiner moralischen Kraft ist, wenn man nicht überzeugt worden ist, daß sie keine Wirkung der Unempfindlichkeit ist. Es ist keine Kunst, über Gefühle Meister zu werden, die nur die Oberfläche der Seele leicht und flüchtig bestreichen; aber in einem Sturm, der die ganze sinnliche Natur aufregt, seine Gemütsfreiheit zu behalten, dazu gehört ein Vermögen des Widerstandes, das über alle Naturmacht unendlich erhaben ist. Man gelangt also zur Darstellung der moralischen Freiheit nur durch die lebendigste Darstellung der leidenden Natur, und der tragische Held muß sich erst als empfindendes Wesen bei uns legitimiert haben, ehe wir ihm als Vernunftwesen huldigen und an seine Seelenstärke glauben.

Pathos ist also die erste und unnachlaßliche Forderung an den tragischen Künstler, und es ist ihm erlaubt, die Darstellung des Leidens so weit zu treiben, als es, ohne Nachteil für seinen letzten Zweck, ohne Unterdrückung der moralischen

Freiheit, geschehen kann. Er muß gleichsam seinem Helden
oder seinem Leser die ganze volle Ladung des Leidens geben,
weil es sonst immer problematisch bleibt, ob sein Widerstand
gegen dasselbe eine Gemütshandlung, etwas Positives, und
nicht vielmehr bloß etwas Negatives und ein Mangel ist.

Dies letztere ist der Fall bei dem Trauerspiel der ehemali-
gen Franzosen, wo wir höchst selten oder nie die leidende
Natur zu Gesicht bekommen, sondern meistens nur den kalten, deklamatorischen Poeten oder auch den auf Stelzen
gehenden Komödianten sehen. Der frostige Ton der Dekla-
mation erstickt alle wahre Natur, und den französischen
Tragikern macht es ihre angebetete Dezenz vollends ganz
unmöglich, die Menschheit in ihrer Wahrheit zu zeichnen.
Die Dezenz verfälscht überall, auch wenn sie an ihrer rechten Stelle ist, den Ausdruck der Natur, und doch fordert
diesen die Kunst unnachlaßlich. Kaum können wir es einem
französischen Trauerspielhelden glauben, daß er leidet, denn
er läßt sich über seinen Gemütszustand heraus wie der ru-
higste Mensch, und die unaufhörliche Rücksicht auf den Eindruck, den er auf andere macht, erlaubt ihm nie, der Natur
in sich ihre Freiheit zu lassen. Die Könige, Prinzessinnen
und Helden eines Corneille und Voltaire vergessen ihren
Rang auch im heftigsten Leiden nie und ziehen weit eher
ihre Menschheit als ihre Würde aus. Sie gleichen den Königen
und Kaisern in den alten Bilderbüchern, die sich mitsamt
der Krone zu Bette legen.

Wie ganz anders sind die Griechen und diejenigen unter den
Neuern, die in ihrem Geiste gedichtet haben. Nie schämt
sich der Grieche der Natur, er läßt der Sinnlichkeit ihre vollen Rechte und ist dennoch sicher, daß er nie von ihr unter-
jocht werden wird. Sein tiefer und richtiger Verstand läßt
ihn das Zufällige, das der schlechte Geschmack zum Haupt-
werke macht, von dem Notwendigen unterscheiden; alles
aber, was nicht Menschheit ist, ist zufällig an dem Menschen.
Der griechische Künstler, der einen Laokoon, eine Niobe,
einen Philoktet darzustellen hat, weiß von keiner Prinzessin,
keinem König und keinem Königsohn; er hält sich nur an

den Menschen. Deswegen wirft der weise Bildhauer die Bekleidung weg und zeigt uns bloß nackende Figuren, ob er
gleich sehr gut weiß, daß dies im wirklichen Leben nicht der
Fall war. Kleider sind ihm etwas Zufälliges, dem das Notwendige niemals nachgesetzt werden darf, und die Gesetze
des Anstands oder des Bedürfnisses sind nicht die Gesetze
der Kunst. Der Bildhauer soll und will uns den *Menschen*
zeigen, und Gewänder verbergen denselben; also verwirft
er sie mit Recht.

Ebenso wie der griechische Bildhauer die unnütze und hin-
derliche Last der Gewänder hinwegwirft, um der menschlichen Natur mehr Platz zu machen, so entbindet der griechische Dichter seine Menschen von dem ebenso unnützen und
ebenso hinderlichen Zwang der Konvenienz und von allen
frostigen Anstandsgesetzen, die an dem Menschen nur kün-
steln und die Natur an ihm verbergen. Die leidende Natur
spricht wahr, aufrichtig und tiefeindringend zu unserm Herzen in der homerischen Dichtung und in den Tragikern: alle
Leidenschaften haben ein freies Spiel, und die Regel des
Schicklichen hält kein Gefühl zurück. Die Helden sind für
alle Leiden der Menschheit so gut empfindlich als andere,
und eben das macht sie zu Helden, daß sie das Leiden stark
und innig fühlen, und doch nicht davon überwältigt werden.
Sie lieben das Leben so feurig wie wir andern, aber diese
Empfindung beherrscht sie nicht so sehr, daß sie es nicht
hingeben können, wenn die Pflichten der Ehre oder der
Menschlichkeit es fordern. Philoktet erfüllt die griechische
Bühne mit seinen Klagen, selbst der wütende Herkules unterdrückt seinen Schmerz nicht. Die zum Opfer bestimmte Iphigenia gesteht mit rührender Offenheit, daß sie von dem
Licht der Sonne mit Schmerzen scheide. Nirgends sucht der
Grieche in der Abstumpfung und Gleichgültigkeit gegen das
Leiden seinen Ruhm, sondern in Ertragung desselben bei allem Gefühl für dasselbe. Selbst die Götter der Griechen müssen der Natur einen Tribut entrichten, sobald sie der Dichter
der Menschheit näherbringen will. Der verwundete Mars
schreit für Schmerz so laut auf wie zehntausend Mann, und

die von einer Lanze geritzte Venus steigt weinend zum
Olymp und verschwört alle Gefechte.

Diese zarte Empfindlichkeit für das Leiden, diese warme,
aufrichtige, wahr und offen daliegende Natur, welche uns
in den griechischen Kunstwerken so tief und lebendig rührt,
ist ein Muster der Nachahmung für alle Künstler und ein
Gesetz, das der griechische Genius der Kunst vorgeschrieben
hat. Die erste Forderung an den Menschen macht immer
und ewig die *Natur*, welche niemals darf abgewiesen werden; denn der Mensch ist – ehe er etwas anders ist – ein
empfindendes Wesen. Die zweite Forderung an ihn macht
die *Vernunft*, denn er ist ein vernünftig empfindendes Wesen, eine moralische Person, und für diese ist es Pflicht, die
Natur nicht über sich herrschen zu lassen, sondern sie zu beherrschen. Erst alsdann, wenn erstlich der Natur ihr Recht
ist angetan worden, und wenn zweitens die Vernunft das
ihrige behauptet hat, ist es dem *Anstand* erlaubt, die dritte
Forderung an den Menschen zu machen und ihm, im Ausdruck sowohl seiner Empfindungen als seiner Gesinnungen,
Rücksicht gegen die Gesellschaft aufzulegen und sich – als
ein zivilisiertes Wesen zu zeigen.

Das erste Gesetz der tragischen Kunst war Darstellung der
leidenden Natur. Das zweite ist Darstellung des moralischen Widerstandes gegen das Leiden.

Der Affekt, als Affekt, ist etwas Gleichgültiges, und die
Darstellung desselben würde, für sich allein betrachtet, ohne
allen ästhetischen Wert sein; denn, um es noch einmal zu
wiederholen, nichts, was bloß die sinnliche Natur angeht, ist
der Darstellung würdig. Daher sind nicht nur alle bloß
erschlaffende (schmelzende) Affekte, sondern überhaupt auch
alle höchsten Grade, von was für Affekten es auch sei, unter
der Würde tragischer Kunst.

Die schmelzenden Affekte, die bloß zärtlichen Rührungen,
gehören zum Gebiet des Angenehmen, mit dem die schöne
Kunst nichts zu tun hat. Sie ergötzen bloß den Sinn durch
Auflösung oder Erschlaffung und beziehen sich bloß auf
den äußern, nicht auf den innern Zustand des Menschen.

Viele unsrer Romane und Trauerspiele, besonders der soge-
nannten Dramen (Mitteldinge zwischen Lustspiel und Trauerspiel) und der beliebten Familiengemälde gehören in diese
Klasse. Sie bewirken bloß Ausleerungen des Tränensacks
und eine wollüstige Erleichterung der Gefäße; aber der Geist
geht leer aus, und die edlere Kraft im Menschen wird ganz
und gar nicht dadurch gestärkt. Ebenso, sagt Kant, fühlt sich
mancher durch eine Predigt erbaut, wobei doch gar nichts in
ihm aufgebaut worden ist. Auch die Musik der Neuern
scheint es vorzüglich nur auf die Sinnlichkeit anzulegen und
schmeichelt dadurch dem herrschenden Geschmack, der nur
angenehm gekitzelt, nicht ergriffen, nicht kräftig gerührt,
nicht erhoben sein will. Alles Schmelzende wird daher vorgezogen, und wenn noch so großer Lärm in einem Konzert-
saal ist, so wird plötzlich alles Ohr, wenn eine schmelzende
Passage vorgetragen wird. Ein bis ins Tierische gehender
Ausdruck der Sinnlichkeit erscheint dann gewöhnlich auf
allen Gesichtern, die trunkenen Augen schwimmen, der of-
fene Mund ist ganz Begierde, ein wollüstiges Zittern ergreift
den ganzen Körper, der Atem ist schnell und schwach, kurz
alle Symptome der Berauschung stellen sich ein: zum deut-
lichen Beweise, daß die Sinne schwelgen, der Geist aber oder
das Prinzip der Freiheit im Menschen der Gewalt des sinnlichen Eindrucks zum Raube wird. Alle diese Rührungen,
sage ich, sind durch einen edeln und männlichen Geschmack
von der Kunst ausgeschlossen, weil sie bloß allein dem *Sinne*
gefallen, mit dem die Kunst nichts zu verkehren hat.
Auf der andern Seite sind aber auch alle diejenigen Grade
des Affekts ausgeschlossen, die den Sinn bloß quälen, ohne
zugleich den Geist dafür zu entschädigen. Sie unterdrücken
die Gemütsfreiheit durch Schmerz nicht weniger als jene
durch Wollust und können deswegen bloß Verabscheuung
und keine Rührung bewirken, die der Kunst würdig wäre.
Die Kunst muß den Geist ergötzen und der Freiheit gefallen.
Der, welcher einem Schmerz zum Raube wird, ist bloß ein ge-
quältes Tier, kein leidender Mensch mehr; denn von dem
Menschen wird schlechterdings ein moralischer Widerstand

gegen das Leiden gefordert, durch den allein sich das Prinzip
der Freiheit in ihm, die Intelligenz, kenntlich machen kann.

Aus diesem Grunde verstehen sich diejenigen Künstler und
Dichter sehr schlecht auf ihre Kunst, welche das Pathos durch
die bloße sinnliche Kraft des Affekts und die höchstleben-
digste Schilderung des Leidens zu erreichen glauben. Sie
vergessen, daß das Leiden selbst nie der letzte Zweck der
Darstellung und nie die unmittelbare Quelle des Vergnügens sein kann, das wir am Tragischen empfinden. Das Pathetische ist nur ästhetisch, insofern es erhaben ist. Wirkungen aber, welche bloß auf eine sinnliche Quelle schließen
lassen und bloß in der Affektion des Gefühlvermögens gegründet sind, sind niemals erhaben, wieviel Kraft sie auch
verraten mögen: denn alles Erhabene stammt nur aus der
Vernunft.

Eine Darstellung der bloßen Passion (sowohl der wollüstigen
als der peinlichen) ohne Darstellung der übersinnlichen Widerstehungskraft heißt gemein, das Gegenteil heißt edel. Gemein und edel sind Begriffe, die überall, wo sie gebraucht
werden, eine Beziehung auf den Anteil oder Nichtanteil
der übersinnlichen Natur des Menschen an einer Handlung
oder an einem Werke bezeichnen. Nichts ist edel, als was aus
der Vernunft quillt; alles, was die Sinnlichkeit für sich hervorbringt, ist gemein. Wir sagen von einem Menschen, er
handle gemein, wenn er bloß den Eingebungen seines sinnlichen Triebes folgt; er handle anständig, wenn er seinem
Trieb nur mit Rücksicht auf Gesetze folgt; er handle edel,
wenn er bloß der Vernunft, ohne Rücksicht auf seine Triebe,
folgt. Wir nennen eine Gesichtsbildung gemein, wenn sie die
Intelligenz im Menschen durch gar nichts kenntlich macht;
wir nennen sie sprechend, wenn der Geist die Züge bestimmte, und edel, wenn ein reiner Geist die Züge bestimmte.
Wir nennen ein Werk der Architektur gemein, wenn es uns
keine andre als physische Zwecke zeigt; wir nennen es edel,
wenn es, unabhängig von allen physischen Zwecken, zugleich
Darstellung von Ideen ist.

Ein guter Geschmack also, sage ich, gestattet keine, wenngleich noch so kraftvolle Darstellung des Affekts, die bloß physisches Leiden und physischen Widerstand ausdrückt, ohne zugleich die höhere Menschheit, die Gegenwart eines übersinnlichen Vermögens sichtbar zu machen – und zwar aus dem schon entwickelten Grunde, weil nie das Leiden an sich, nur der Widerstand gegen das Leiden pathetisch und der Darstellung würdig ist. Daher sind alle absolut höchsten Grade des Affekts dem Künstler sowohl als dem Dichter untersagt; denn alle unterdrücken die innerlich widerstehende Kraft, oder setzen vielmehr die Unterdrückung derselben schon voraus, weil kein Affekt seinen absolut höchsten Grad erreichen kann, solange die Intelligenz im Menschen noch einigen Widerstand leistet.

Jetzt entsteht die Frage: wodurch macht sich diese übersinnliche Widerstehungskraft in einem Affekte kenntlich? Durch nichts anders als durch Beherrschung oder, allgemeiner, durch Bekämpfung des Affekts. Ich sage des Affekts, denn auch die Sinnlichkeit kann kämpfen, aber das ist kein Kampf mit dem Affekt, sondern mit der Ursache, die ihn hervorbringt – kein moralischer, sondern ein physischer Widerstand, den auch der Wurm äußert, wenn man ihn tritt, und der Stier, wenn man ihn verwundet, ohne deswegen Pathos zu erregen. Daß der leidende Mensch seinen Gefühlen einen Ausdruck zu geben, daß er seinen Feind zu entfernen, daß er das leidende Glied in Sicherheit zu bringen sucht, hat er mit jedem Tiere gemein, und schon der Instinkt übernimmt dieses, ohne erst bei seinem Willen anzufragen. Das ist also noch kein Aktus seiner Humanität, das macht ihn als Intelligenz noch nicht kenntlich. Die Sinnlichkeit wird zwar jederzeit ihren Feind, aber niemals sich selbst bekämpfen.

Der Kampf mit dem Affekt hingegen ist ein Kampf mit der Sinnlichkeit und setzt also etwas voraus, was von der Sinnlichkeit unterschieden ist. Gegen das Objekt, das ihn leiden macht, kann sich der Mensch mit Hilfe seines Verstandes und seiner Muskelkräfte wehren; gegen das Leiden selbst hat er keine andre Waffen als Ideen der Vernunft. Diese müssen also in der Darstellung vorkommen, oder durch

sie erweckt werden, wo Pathos stattfinden soll. Nun sind
aber Ideen im eigentlichen Sinn und positiv nicht darzustellen, weil ihnen nichts in der Anschauung entsprechen kann.
Aber negativ und indirekt sind sie allerdings darzustellen,
wenn in der Anschauung etwas gegeben wird, wozu wir die
Bedingungen in der Natur vergebens aufsuchen. Jede Erscheinung, deren letzter Grund aus der Sinnenwelt nicht kann
abgeleitet werden, ist eine indirekte Darstellung des Übersinnlichen.

Wie gelangt nun die Kunst dazu, etwas vorzustellen, was
über die Natur ist, ohne sich übernatürlicher Mittel zu bedienen? Was für eine Erscheinung muß das sein, die durch
natürliche Kräfte vollbracht wird (denn sonst wäre sie keine
Erscheinung) und dennoch ohne Widerspruch aus physischen Ursachen nicht kann hergeleitet werden? Dies ist die
Aufgabe; und wie löst sie nun der Künstler?

Wir müssen uns erinnern, daß die Erscheinungen, welche
im Zustand des Affekts an einem Menschen können wahr-
genommen werden, von zweierlei Gattung sind. Entweder
es sind solche, die ihm bloß als Tier angehören und als
solche bloß dem Naturgesetz folgen, ohne daß sein Wille sie
beherrschen oder überhaupt die selbständige Kraft in ihm
unmittelbaren Einfluß darauf haben könnte. Der Instinkt
erzeugt sie unmittelbar, und blind gehorchen sie seinen Gesetzen. Dahin gehören z. B. die Werkzeuge des Blutum-
laufs, des Atemholens und die ganze Oberfläche der Haut.
Aber auch diejenigen Werkzeuge, die dem Willen unterworfen sind, warten nicht immer die Entscheidung des Willens
ab, sondern der Instinkt setzt sie oft unmittelbar in Bewegung, da besonders, wo dem physischen Zustand Schmerz
oder Gefahr droht. So steht zwar unser Arm unter der
Herrschaft des Willens, aber wenn wir unwissend etwas
Heißes angreifen, so ist das Zurückziehen der Hand gewiß
keine Willenshandlung, sondern der Instinkt allein vollbringt sie. Ja noch mehr. Die Sprache ist gewiß etwas, was
unter der Herrschaft des Willens steht, und doch kann auch
der Instinkt sogar über dieses Werkzeug und Werk des Ver-

standes nach seinem Gutdünken disponieren, ohne erst bei dem Willen anzufragen, sobald ein großer Schmerz oder nur ein starker Affekt uns überrascht. Man lasse den gefaßtesten Stoiker auf einmal etwas höchst Wunderbares oder unerwartet Schreckliches erblicken; man lasse ihn dabeistehen, wenn jemand ausglitscht und in einen Abgrund fallen will, so wird ein lauter Ausruf, und zwar kein bloß unartikulierter Ton, sondern ein ganz bestimmtes Wort, ihm unwillkürlich entwischen, und die Natur in ihm wird früher als der Wille gehandelt haben. Dies dient also zum Beweis, daß es Erscheinungen an dem Menschen gibt, die nicht seiner Person als Intelligenz, sondern bloß seinem Instinkt als einer Naturkraft können zugeschrieben werden.

Nun gibt es aber auch zweitens Erscheinungen an ihm, die unter dem Einfluß und unter der Herrschaft des Willens stehen, oder die man wenigstens als solche betrachten kann, die der Wille hätte verhindern können; welche also die Person und nicht der Instinkt zu verantworten hat. Dem Instinkt kommt es zu, das Interesse der Sinnlichkeit mit blindem Eifer zu besorgen, aber der Person kommt es zu, den Instinkt durch Rücksicht auf Gesetze zu beschränken. Der Instinkt achtet an sich selbst auf kein Gesetz, aber die Person hat dafür zu sorgen, daß den Vorschriften der Vernunft durch keine Handlung des Instinkts Eintrag geschehe. So viel ist also gewiß, daß der Instinkt allein nicht alle Erscheinungen am Menschen im Affekt unbedingterweise zu bestimmen hat, sondern daß ihm durch den Willen des Menschen eine Grenze gesetzt werden kann. Bestimmt der Instinkt allein alle Erscheinungen am Menschen, so ist nichts mehr vorhanden, was an die Person erinnern könnte, und es ist bloß ein Naturwesen, also ein Tier, was wir vor uns haben; denn Tier heißt jedes Naturwesen unter der Herrschaft des Instinkts. Soll also die Person dargestellt werden, so müssen einige Erscheinungen am Menschen vorkommen, die entweder gegen den Instinkt oder doch nicht durch den Instinkt bestimmt worden sind. Schon daß sie nicht durch den Instinkt bestimmt wurden, ist hinreichend, uns auf eine

höhere Quelle zu leiten, sobald wir nur einsehen, daß der
Instinkt sie schlechterdings hätte anders bestimmen müssen,
wenn seine Gewalt nicht wäre gebrochen worden.

Jetzt sind wir imstande, die Art und Weise anzugeben, wie
die übersinnliche selbständige Kraft im Menschen, sein moralisches Selbst, im Affekt zur Darstellung gebracht werden
kann. – Dadurch nämlich, daß alle bloß der Natur gehor-
chende Teile, über welche der Wille entweder gar niemals
oder wenigstens unter gewissen Umständen nicht disponieren
kann, die Gegenwart des Leidens verraten – diejenigen Teile
aber, welche der blinden Gewalt des Instinkts entzogen sind
und dem Naturgesetz nicht notwendig gehorchen, keine oder
nur eine geringe Spur dieses Leidens zeigen, also in einem
gewissen Grad frei erscheinen. An dieser Disharmonie nun
zwischen denjenigen Zügen, die der animalischen Natur nach
dem Gesetz der Notwendigkeit eingeprägt werden, und
zwischen denen, die der selbsttätige Geist bestimmt, erkennt
man die Gegenwart eines übersinnlichen Prinzips im
Menschen, welches den Wirkungen der Natur eine Grenze
setzen kann und sich also eben dadurch als von derselben
unterschieden kenntlich macht. Der bloß tierische Teil des
Menschen folgt dem Naturgesetz und darf daher von der Gewalt des Affekts unterdrückt erscheinen. An diesem Teil also
offenbart sich die ganze Stärke des Leidens und dient gleichsam zum Maß, nach welchem der Widerstand geschätzt werden kann; denn man kann die Stärke des Widerstandes, oder
die moralische Macht in dem Menschen nur nach der Stärke
des Angriffs beurteilen. Je entscheidender und gewaltsamer
nun der Affekt in dem Gebiet der Tierheit sich äußert, ohne
doch im Gebiet der Menschheit dieselbe Macht behaupten
zu können, desto mehr wird diese letztere kenntlich, desto
glorreicher offenbart sich die moralische Selbständigkeit des
Menschen, desto pathetischer ist die Darstellung und desto
erhabener das Pathos*.

* Unter dem Gebiet der Tierheit begreife ich das ganze System derjenigen Erscheinungen am Menschen, die unter der blinden Gewalt des
Naturtriebes stehen und ohne Voraussetzung einer Freiheit des Willens

In den Bildsäulen der Alten findet man diesen ästhetischen Grundsatz anschaulich gemacht, aber es ist schwer, den Eindruck, den der sinnlich lebendige Anblick macht, unter Begriffe zu bringen und durch Worte anzugeben. Die Gruppe des Laokoon und seiner Kinder ist ohngefähr ein Maß für das, was die bildende Kunst der Alten im Pathetischen zu leisten vermochte. »Laokoon«, sagt uns Winckelmann in seiner Geschichte der Kunst (S. 699 der Wiener Quartausgabe), »ist eine Natur im höchsten Schmerze, nach dem Bilde eines Mannes gemacht, der die bewußte Stärke des Geistes gegen denselben zu sammeln sucht; und indem sein Leiden die Muskeln aufschwellet und die Nerven anziehet, tritt der mit Stärke bewaffnete Geist in der aufgetriebenen Stirne hervor, und die Brust erhebt sich durch den beklemmten Odem und durch Zurückhaltung des Ausbruchs der Empfindung, um den Schmerz in sich zu fassen und zu verschließen. Das bange Seufzen, welches er in sich und den Odem an sich ziehet, erschöpft den Unterleib und macht die Seiten hohl, welches uns gleichsam von der Bewegung seiner Eingeweide urteilen läßt. Sein eigenes Leiden aber scheint ihn weniger zu beängstigen als die Pein seiner Kinder, die ihr Angesicht zum Vater wenden und um Hilfe schreien; denn das väterliche Herz offenbart sich in den wehmütigen Augen, und das Mitleiden scheint in einem trüben Duft auf denselben zu schwimmen. Sein Gesicht ist klagend, aber nicht

---

vollkommen erklärbar sind; unter dem Gebiet der Menschheit aber diejenigen, welche ihre Gesetze von der Freiheit empfangen. *Mangelt* nun bei einer Darstellung der Affekt im Gebiet der Tierheit, so läßt uns dieselbe kalt; *herrscht* er hingegen im Gebiet der Menschheit, so ekelt sie uns an und empört. Im Gebiet der Tierheit muß der Affekt jederzeit unaufgelöst bleiben, sonst fehlt es dem Pathetischen; erst im Gebiet der Menschheit darf sich die Auflösung finden. Eine leidende Person, klagend und weinend vorgestellt, wird daher nur schwach rühren, denn Klagen und Tränen lösen den Schmerz schon im Gebiet der Tierheit auf. Weit stärker ergreift uns der verbissene stumme Schmerz, wo wir bei der *Natur* keine Hilfe finden, sondern zu etwas, das über alle Natur hinausliegt, unsre Zuflucht nehmen müssen; und eben in dieser Hinweisung auf das Übersinnliche liegt das Pathos und die tragische Kraft.

schreiend, seine Augen sind nach der höhern Hilfe gewandt. Der Mund ist voll von Wehmut und die gesenkte Unterlippe schwer von derselben; in der überwärts gezogenen Oberlippe aber ist dieselbe mit Schmerz vermischet, welcher mit einer Regung von Unmut, wie über ein unverdientes unwürdiges Leiden, in die Nase hinauftritt, dieselbe schwellen macht und sich in den erweiterten und aufwärts gezogenen Nüssen offenbaret. Unter der Stirn ist der Streit zwischen Schmerz und Widerstand, wie in einem Punkte vereinigt, mit großer Wahrheit gebildet; denn indem der Schmerz die Augenbrauen in die Höhe treibt, so drücket das Sträuben gegen denselben das obere Augenfleisch niederwärts und gegen das obere Augenlid zu, so daß dasselbe durch das übergetretene Fleisch beinahe ganz bedeckt wird. Die Natur, welche der Künstler nicht verschönern konnte, hat er ausgewickelter, angestrengter und mächtiger zu zeigen gesucht; da, wohin der größte Schmerz gelegt ist, zeigt sich auch die größte Schönheit. Die linke Seite, in welche die Schlange mit dem wütenden Bisse ihr Gift ausgießet, ist diejenige, welche durch die nächste Empfindung zum Herzen am heftigsten zu leiden scheint. Seine Beine wollen sich erheben, um seinem Übel zu entrinnen; kein Teil ist in Ruhe, ja die Meißelstriche selbst helfen zur Bedeutung einer erstarrten Haut.«

Wie wahr und fein ist in dieser Beschreibung der Kampf der Intelligenz mit dem Leiden der sinnlichen Natur entwickelt, und wie treffend die Erscheinungen angegeben, in denen sich Tierheit und Menschheit, Naturzwang und Vernunftfreiheit offenbaren! Virgil schilderte bekanntlich denselben Auftritt in seiner Aeneis, aber es lag nicht in dem Plan des epischen Dichters, sich bei dem Gemütszustand des Laokoon, wie der Bildhauer tun mußte, zu verweilen. Bei dem Virgil ist die ganze Erzählung bloß Nebenwerk, und die Absicht, wozu sie ihm dienen soll, wird hinlänglich durch die bloße Darstellung des Physischen erreicht, ohne daß er nötig gehabt hätte, uns in die Seele des Leidenden tiefe Blicke tun zu lassen, da er uns nicht sowohl zum Mitleid bewegen als mit Schrecken durchdringen will. Die Pflicht

des Dichters war also in dieser Hinsicht bloß negativ, nämlich die Darstellung der leidenden Natur nicht so weit zu
treiben, daß aller Ausdruck der Menschheit oder des moralischen Widerstandes dabei verlorenging, weil sonst Unwille
und Abscheu unausbleiblich erfolgen müßten. Er hielt sich
daher lieber an Darstellung der *Ursache* des Leidens und
fand für gut, sich umständlicher über die Furchtbarkeit der
beiden Schlangen und über die Wut, mit der sie ihr Schlachtopfer anfallen, als über die Empfindungen desselben zu verbreiten. An diesen eilt er nur schnell vorüber, weil ihm daran
liegen mußte, die Vorstellung eines göttlichen Strafgerichts
und den Eindruck des Schreckens ungeschwächt zu erhalten.
Hätte er uns hingegen von Laokoons Person so viel wissen
lassen, als der Bildhauer, so würde nicht mehr die strafende
Gottheit, sondern der leidende Mensch der Held in der
Handlung gewesen sein und die Episode ihre Zweckmäßigkeit für das Ganze verloren haben.

Man kennt die Virgilische Erzählung schon aus Lessings vor-
trefflichem Kommentar. Aber die Absicht, wozu Lessing sie
gebrauchte, war bloß, die Grenzen der poetischen und male-
rischen Darstellung an diesem Beispiel anschaulich zu machen, nicht den Begriff des Pathetischen daraus zu entwickeln.
Zu dem letztern Zweck scheint sie mir aber nicht weniger
brauchbar, und man erlaube mir, sie in dieser Hinsicht noch
einmal zu durchlaufen.

> Ecce autem gemini Tenedo tranquilla per alta
> (horresco referens) immensis orbibus angues
> incumbunt pelago, pariterque ad littora tendunt.
> Pectora quorum inter fluctus arrecta, jubaeque
> sanguineae exsuperant undas, pars caetera pontum
> pone legit, sinuatque immensa volumine terga.
> Fit sonitus spumante salo, jamque arva tenebant,
> ardenteis oculos suffecti sanguine et igni,
> sibila lambebant linguis vibrantibus ora.

Die erste von den drei oben angeführten Bedingungen des
Erhabenen der Macht ist hier gegeben: eine mächtige Natur-

kraft nämlich, die zur Zerstörung bewaffnet ist und jedes
Widerstandes spottet. Daß aber dieses Mächtige zugleich
furchtbar und das Furchtbare *erhaben* werde, beruht auf
zwei verschiedenen Operationen des Gemüts, d. i. auf zwei
Vorstellungen, die wir selbsttätig in uns erzeugen. Indem wir
erstlich diese unwiderstehliche Naturmacht mit dem schwachen Widerstehungsvermögen des physischen Menschen zu-
sammenhalten, erkennen wir sie als furchtbar, und indem
wir sie zweitens auf unsern Willen beziehen und uns die absolute Unabhängigkeit desselben von jedem Natureinfluß ins
Bewußtsein rufen, wird sie uns zu einem erhabenen Objekt.
Diese beiden Beziehungen aber stellen *wir* an; der Dichter
gab uns weiter nichts als einen mit starker Macht bewaff-
neten und nach Äußerung derselben strebenden Gegenstand.
Wenn wir davor *zittern*, so geschieht es bloß, weil wir uns
selbst oder ein uns ähnliches Geschöpf im Kampf mit demselben *denken*. Wenn wir uns bei diesem Zittern erhaben
fühlen, so ist es, weil wir uns bewußt werden, daß wir, auch
selbst als ein Opfer dieser Macht, für unser freies Selbst,
für die Autonomie unserer Willensbestimmungen nichts zu
fürchten haben würden. Kurz, die Darstellung ist bis hieher
bloß kontemplativerhaben.

> Diffugimus visu exsangues, illi agmine certo
> Laocoonta petunt.

Jetzt wird das Mächtige zugleich als furchtbar *gegeben*, und
das Kontemplativerhabene geht ins Pathetische über. Wir
sehen es wirklich mit der Ohnmacht des Menschen in Kampf
treten. Laokoon oder wir, das wirkt bloß dem Grad nach
verschieden. Der sympathetische Trieb schreckt den Erhal-
tungstrieb auf, die Ungeheuer schießen los auf – uns, und alles Entrinnen ist vergebens.
Jetzt hängt es nicht mehr von uns ab, ob wir diese Macht mit
der unsrigen messen und auf unsre Existenz beziehen wollen.
Dies geschieht ohne unser Zutun in dem Objekte selbst. Unsre
Furcht hat also nicht, wie im vorhergehenden Moment, einen
bloß subjektiven Grund in unserm Gemüte, sondern einen

objektiven Grund in dem Gegenstand. Denn erkennen wir gleich das Ganze für eine bloße Fiktion der Einbildungskraft, so unterscheiden wir doch auch in dieser Fiktion eine Vorstellung, die uns von außen mitgeteilt wird, von einer andern, die wir selbsttätig in uns hervorbringen.

Das Gemüt verliert also einen Teil seiner Freiheit, weil es von außen empfängt, was es vorher durch seine Selbsttätigkeit erzeugte. Die Vorstellung der Gefahr erhält einen Anschein objektiver Realität, und es wird Ernst mit dem Affekte.

Wären wir nun nichts als Sinnenwesen, die keinem andern als dem Erhaltungstriebe folgen, so würden wir hier stillestehen und im Zustand des bloßen Leidens verharren. Aber etwas ist in uns, was an den Affektionen der sinnlichen Natur keinen Teil nimmt und dessen Tätigkeit sich nach keinen physischen Bedingungen richtet. Je nachdem nun dieses selbsttätige Prinzip (die moralische Anlage) in einem Gemüt sich entwickelt hat, wird der leidenden Natur mehr oder weniger Raum gelassen sein und mehr oder weniger Selbsttätigkeit im Affekt übrigbleiben.

In moralischen Gemütern geht das Furchtbare (der Einbildungskraft) schnell und leicht ins Erhabene über. So wie die Imagination ihre Freiheit verliert, so macht die Vernunft die ihrige geltend; und das Gemüt erweitert sich nur desto mehr nach innen, indem es nach außen Grenzen findet. Herausgeschlagen aus allen Verschanzungen, die dem Sinnenwesen einen physischen Schutz verschaffen können, werfen wir uns in die unbezwingliche Burg unsrer moralischen Freiheit und gewinnen eben dadurch eine absolute und unendliche Sicherheit, indem wir eine bloß komparative und prekäre Schutzwehre im Feld der Erscheinung verloren geben. Aber eben darum, weil es zu diesem physischen Bedrängnis gekommen sein muß, ehe wir bei unsrer moralischen Natur Hilfe suchen, so können wir dieses hohe Freiheitsgefühl nicht anders als mit Leiden erkaufen. Die gemeine Seele bleibt bloß bei diesem Leiden stehen und fühlt im Erhabenen des Pathos nie mehr als das Furchtbare; ein selbständiges Gemüt hin-

gegen nimmt gerade von diesem Leiden den Übergang zum
Gefühl seiner herrlichsten Kraftwirkung und weiß aus jedem
Furchtbaren ein Erhabenes zu erzeugen.

> Laocoonta petunt, ac primum parva duorum
> corpora gnatorum serpens amplexus uterque
> implicat, ac miseros morsu depascitur artus.

Es tut eine große Wirkung, daß der moralische Mensch (der
Vater) eher als der physische angefallen wird. Alle Affekte
sind ästhetischer aus der zweiten Hand, und keine Sympathie ist stärker, als die wir mit der Sympathie empfinden.

> Post ipsum auxilio subeuntem ac tela ferentem
> corripiunt.

Jetzt war der Augenblick da, den Helden als moralische
Person bei uns in Achtung zu setzen, und der Dichter ergriff
diesen Augenblick. Wir kennen aus seiner Beschreibung die
ganze Macht und Wut der feindlichen Ungeheuer und wissen,
wie vergeblich aller Widerstand ist. Wäre nun Laokoon bloß
ein gemeiner Mensch, so würde er seines Vorteils wahrnehmen und wie die übrigen Trojaner in einer schnellen Flucht
seine Rettung suchen. Aber er hat ein Herz in seinem Busen,
und die Gefahr seiner Kinder hält ihn zu seinem eigenen
Verderben zurück. Schon dieser einzige Zug macht ihn unsers ganzen Mitleidens würdig. In was für einem Moment
auch die Schlangen ihn ergriffen haben möchten, es würde
uns immer bewegt und erschüttert haben. Daß es aber gerade
in *dem* Momente geschieht, wo er als Vater uns achtungswürdig wird, daß sein Untergang gleichsam als unmittelbare
Folge der erfüllten Vaterpflicht, der zärtlichen Bekümmernis
für seine Kinder vorgestellt wird – dies entflammt unsre
Teilnahme aufs höchste. Er ist es jetzt gleichsam selbst, der
sich aus freier Wahl dem Verderben hingibt, und sein Tod
wird eine Willenshandlung.

Bei allem Pathos muß also der Sinn durch Leiden, der Geist
durch Freiheit interessiert sein. Fehlt es einer pathetischen

Darstellung an einem Ausdruck der leidenden Natur, so ist sie ohne ästhetische Kraft, und unser Herz bleibt kalt. Fehlt es ihr an einem Ausdruck der ethischen Anlage, so kann sie bei aller sinnlichen Kraft nie pathetisch sein und wird unausbleiblich unsre Empfindung empören. Aus aller Freiheit des Gemüts muß immer der leidende Mensch, aus allem Leiden der Menschheit muß immer der selbständige oder der Selbständigkeit fähige Geist durchscheinen.

Auf zweierlei Weise aber kann sich die Selbständigkeit des Geistes im Zustand des Leidens offenbaren. Entweder negativ: wenn der ethische Mensch von dem physischen das Gesetz nicht empfängt und dem Zustand keine Kausalität für die Gesinnung gestattet wird; oder positiv: wenn der ethische Mensch dem physischen das Gesetz gibt und die Gesinnung für den Zustand Kausalität erhält. Aus dem ersten entspringt das Erhabene der *Fassung*, aus dem zweiten das Erhabene der *Handlung*.

Ein Erhabenes der Fassung ist jeder vom Schicksal unabhängige Charakter. »Ein tapfrer Geist, im Kampf mit der Widerwärtigkeit«, sagt Seneca, »ist ein anziehendes Schauspiel selbst für die Götter.« Einen solchen Anblick gibt uns der römische Senat nach dem Unglück bei Cannä. Selbst Miltons Luzifer, wenn er sich in der Hölle, seinem künftigen Wohnort, zum erstenmal umsieht, durchdringt uns, dieser Seelenstärke wegen, mit einem Gefühl von Bewunderung. »Schrecken, ich grüße euch«, ruft er aus, „und dich, unterirdische Welt, und dich, tiefste Hölle. Nimm auf deinen neuen Gast. Er kommt zu dir mit einem Gemüte, das weder Zeit noch Ort umgestalten soll. In seinem Gemüte wohnt er. Das wird ihm in der Hölle selbst einen Himmel erschaffen. Hier endlich sind wir frei usf.« Die Antwort der Medea im Trauerspiel gehört in die nämliche Klasse.

Das Erhabene der Fassung läßt sich *anschauen*, denn es beruht auf der Koexistenz; das Erhabene der Handlung hingegen läßt sich bloß *denken*, denn es beruht auf der Sukzession, und der Verstand ist nötig, um das Leiden von einem freien Entschluß abzuleiten. Daher ist nur das erste für den bildenden Künstler, weil dieser nur das Koexistente glücklich darstellen kann; der Dichter aber kann sich über beides verbreiten. Selbst wenn der bildende Künstler eine erhabene Handlung darzustellen hat, muß er sie in eine erhabene Fassung verwandeln.

Zum Erhabenen der Handlung wird erfordert, daß das Leiden eines Menschen auf seine moralische Beschaffenheit nicht nur keinen Einfluß habe, sondern vielmehr umgekehrt das Werk seines moralischen Charakters sei. Dies kann auf zweierlei Weise sein. Entweder mittelbar und nach dem Gesetz der Freiheit, wenn er aus Achtung für irgendeine Pflicht das Leiden *erwählt*. Die Vorstellung der Pflicht bestimmt ihn in diesem Falle als *Motiv*, und sein Leiden ist eine *Willenshandlung*. Oder unmittelbar und nach dem Gesetz der Notwendigkeit, wenn er eine übertretene Pflicht moralisch *büßt*. Die Vorstellung der Pflicht bestimmt ihn in diesem Falle als *Macht*, und sein Leiden ist bloß eine *Wirkung*. Ein Beispiel des ersten gibt uns Regulus, wenn er, um Wort zu halten, sich der Rachbegier der Karthaginienser ausliefert; zu einem Beispiel des zweiten würde er uns dienen, wenn er sein Wort gebrochen und das Bewußtsein dieser Schuld ihn elend gemacht hätte. In beiden Fällen hat das Leiden einen moralischen Grund, nur mit dem Unterschied, daß er uns in dem ersten Fall seinen moralischen Charakter, in dem andern bloß seine Bestimmung dazu zeigt. In dem ersten Fall erscheint er als eine moralisch große Person, in dem zweiten bloß als ein ästhetisch großer Gegenstand.

Dieser letzte Unterschied ist wichtig für die tragische Kunst und verdient daher eine genauere Erörterung.

Ein erhabenes Objekt, bloß in der ästhetischen Schätzung, ist schon derjenige Mensch, der uns die Würde der menschlichen Bestimmung durch seinen *Zustand* vorstellig macht, gesetzt auch, daß wir diese Bestimmung in seiner *Person* nicht realisiert finden sollten. Erhaben in der moralischen Schätzung wird er nur alsdann, wenn er sich zugleich als Person jener Bestimmung gemäß verhält, wenn unsre Achtung nicht bloß seinem Vermögen, sondern dem Gebrauch dieses Vermögens gilt, wenn nicht bloß seiner Anlage, sondern seinem wirklichen Betragen Würde zukommt. Es ist ganz etwas anders, ob wir bei unserm Urteil auf das moralische Vermögen überhaupt und auf die Möglichkeit einer absoluten Freiheit des Willens, oder ob wir auf den Gebrauch dieses Vermögens und auf die Wirklichkeit dieser absoluten Freiheit des Willens unser Augenmerk richten.

Es ist etwas ganz anders, sage ich, und diese Verschiedenheit liegt nicht etwa nur in den beurteilten Gegenständen, sondern sie liegt in der verschiedenen Beurteilungsweise. Der nämliche Gegenstand kann uns in der moralischen Schätzung mißfallen und in der ästhetischen sehr anziehend für uns sein. Aber wenn er uns auch in beiden Instanzen der Beurteilung Genüge leistete, so tut er diese Wirkung bei beiden auf eine ganz verschiedene Weise. Er wird dadurch, daß er ästhetisch brauchbar ist, nicht moralisch befriedigend, und dadurch, daß er moralisch befriedigt, nicht ästhetisch brauchbar.

Ich denke mir z. B. die Selbstaufopferung des Leonidas bei Thermopylä. Moralisch beurteilt, ist mir diese Handlung Darstellung des, bei allem Widerspruch der Instinkte erfüllten, Sittengesetzes; ästhetisch beurteilt, ist sie mir Darstellung des, von allem Zwang der Instinkte unabhängigen, sittlichen Vermögens. Meinen moralischen Sinn (die Vernunft) *befriedigt* diese Handlung; meinen ästhetischen Sinn (die Einbildungskraft) *entzückt* sie.

Von dieser Verschiedenheit meiner Empfindungen bei dem nämlichen Gegenstande gebe ich mir folgenden Grund an.

Wie sich unser Wesen in zwei Prinzipien oder Naturen teilt, so teilen sich, diesen gemäß, auch unsre Gefühle in zweierlei ganz verschiedene Geschlechter. Als Vernunftwesen empfinden wir Beifall oder Mißbilligung; als Sinnenwesen empfinden wir Lust oder Unlust. Beide Gefühle, des Beifalls und der Lust, gründen sich auf eine Befriedigung: jenes auf Befriedigung eines *Anspruchs*, denn die Vernunft fordert bloß, aber bedarf nicht; dieses auf Befriedigung eines *Anliegens*, denn der Sinn bedarf bloß, und kann nicht fordern.

Beide, die Forderungen der Vernunft und die Bedürfnisse
des Sinnes, verhalten sich zueinander wie Notwendigkeit zu
Notdurft; sie sind also beide unter dem Begriff von Nezessität enthalten; bloß mit dem Unterschied, daß die Nezessität der Vernunft ohne Bedingung, die Nezessität der Sinne
bloß unter Bedingungen statthat. Bei beiden aber ist die
Befriedigung zufällig. Alles Gefühl, der Lust sowohl als
des Beifalls, gründet sich also zuletzt auf Übereinstimmung
des Zufälligen mit dem Notwendigen. Ist das Notwendige
ein Imperativ, so wird Beifall, ist es eine Notdurft, so wird
Lust die Empfindung sein; beide in desto stärkerem Grade,
je zufälliger die Befriedigung ist.

Nun liegt bei aller moralischen Beurteilung eine Forderung der Vernunft zum Grunde, daß moralisch gehandelt
werde, und es ist eine unbedingte Nezessität vorhanden, daß
wir wollen, was recht ist. Weil aber der Wille frei ist, so ist
es (physisch) zufällig, ob wir es wirklich tun. Tun wir es
nun wirklich, so erhält diese Übereinstimmung des Zufalls
im Gebrauche der Freiheit mit dem Imperativ der Vernunft
Billigung oder Beifall, und zwar in desto höherem Grade,
als der Widerstreit der Neigungen *diesen* Gebrauch der Freiheit zufälliger und zweifelhafter machte.

Bei der ästhetischen Schätzung hingegen wird der Gegenstand auf das Bedürfnis der Einbildungskraft bezogen, welche nicht gebieten, bloß verlangen kann, daß das Zufällige
mit ihrem Interesse übereinstimmen möge. Das Interesse der
Einbildungskraft aber ist: sich frei von Gesetzen im Spiele
zu erhalten. Diesem Hange zur Ungebundenheit ist die sittliche Verbindlichkeit des Willens, durch welche ihm sein
Objekt auf das strengste bestimmt wird, nichts weniger als
günstig; und da die sittliche Verbindlichkeit des Willens der
Gegenstand des moralischen Urteils ist, so sieht man leicht,
daß bei dieser Art zu urteilen die Einbildungskraft ihre
Rechnung nicht finden könne. Aber eine sittliche Verbindlichkeit des Willens läßt sich nur unter Voraussetzung einer
absoluten Independenz desselben vom Zwang der Naturtriebe denken; die Möglichkeit des Sittlichen postuliert also

Freiheit und stimmt folglich mit dem Interesse der Phantasie hierin auf das vollkommenste zusammen. Weil aber die Phantasie durch ihr Bedürfnis nicht so vorschreiben kann, wie die Vernunft durch ihren Imperativ dem Willen der Individuen vorschreibt, so ist das Vermögen der Freiheit, auf die Phantasie bezogen, etwas Zufälliges und muß daher, als Übereinstimmung des Zufalls mit dem (bedingungsweise) Notwendigen, Lust erwecken. Beurteilen wir also jene Tat des Leonidas *moralisch*, so betrachten wir sie aus einem Gesichtspunkt, wo uns weniger ihre Zufälligkeit als ihre Notwendigkeit in die Augen fällt. Beurteilen wir sie hingegen *ästhetisch*, so betrachten wir sie aus einem Standpunkt, wo sich uns weniger ihre Notwendigkeit als ihre Zufälligkeit darstellt. Es ist *Pflicht* für jeden Willen, so zu handeln, sobald er ein freier Wille ist; daß es aber überhaupt eine Freiheit des Willens gibt, welche es möglich macht, so zu handeln, dies ist eine *Gunst* der Natur in Rücksicht auf dasjenige Vermögen, welchem Freiheit Bedürfnis ist. Beurteilt also der moralische Sinn – die Vernunft – eine tugendhafte Handlung, so ist Billigung das Höchste, was erfolgen kann, weil die Vernunft nie *mehr* und selten nur *soviel* finden kann, als sie fordert. Beurteilt hingegen der ästhetische Sinn, die Einbildungskraft, die nämliche Handlung, so erfolgt eine positive Lust, weil die Einbildungskraft niemals Einstimmigkeit mit ihrem Bedürfnisse fordern kann und sich also von der wirklichen Befriedigung desselben, als von einem glücklichen Zufall, überrascht finden muß. Daß Leonidas die heldenmütige Entschließung *wirklich faßte*, billigen wir; daß er sie fassen *konnte*, darüber frohlocken wir und sind entzückt.

Der Unterschied zwischen beiden Arten der Beurteilung fällt noch deutlicher in die Augen, wenn man eine Handlung zum Grunde legt, über welche das moralische und das ästhetische Urteil verschieden ausfallen. Man nehme die Selbstverbrennung des Peregrinus Proteus zu Olympia. Moralisch beurteilt, kann ich dieser Handlung nicht Beifall geben, insofern ich unreine Triebfedern dabei wirksam finde, um derent-

willen die *Pflicht* der Selbsterhaltung hintangesetzt wird.
Ästhetisch beurteilt, gefällt mir aber diese Handlung, und
zwar deswegen gefällt sie mir, weil sie von einem Vermögen des Willens zeugt, selbst dem mächtigsten aller Instinkte,
dem *Triebe* der Selbsterhaltung, zu widerstehen. Ob es eine
rein moralische Gesinnung oder ob es bloß eine mächtigere
sinnliche Reizung war, was den Selbsterhaltungstrieb bei
dem Schwärmer Peregrin unterdrückte, darauf achte ich bei
der ästhetischen Schätzung nicht, wo ich das Individuum
verlasse, von dem Verhältnis *seines* Willens zu dem Willensgesetz abstrahiere und mir den menschlichen Willen überhaupt, als Vermögen der Gattung, im Verhältnis zu der
ganzen Naturgewalt denke. Bei der moralischen Schätzung,
hat man gesehen, wurde die Selbsterhaltung als eine *Pflicht*
vorgestellt, daher beleidigte ihre Verletzung; bei der ästhetischen Schätzung hingegen wurde sie als ein *Interesse* angesehen, daher gefiel ihre Hintansetzung. Bei der letztern Art
des Beurteilens wird also die Operation gerade umgekehrt,
die wir bei der erstern verrichten. Dort stellen wir das sinnlich beschränkte Individuum und den pathologisch affizier-
baren Willen dem absoluten Willensgesetz und der unendlichen Geisterpflicht, hier hingegen stellen wir das absolute
Willens*vermögen* und die unendliche Geister*gewalt* dem
Zwange der Natur und den Schranken der Sinnlichkeit gegenüber. Daher läßt uns das ästhetische Urteil frei und erhebt und begeistert uns, weil wir uns schon durch das bloße
Vermögen, absolut zu wollen, schon durch die bloße Anlage
zur Moralität gegen die Sinnlichkeit in augenscheinlichem
Vorteil befinden, weil schon durch die bloße Möglichkeit,
uns vom Zwange der Natur loszusagen, unserm Freiheitsbedürfnis geschmeichelt wird. Daher beschränkt uns das
moralische Urteil und demütigt uns, weil wir uns bei jedem
besondern Willensakt gegen das absolute Willensgesetz
mehr oder weniger im Nachteil befinden und durch die Einschränkung des Willens auf eine einzige Bestimmungsweise,
welche die Pflicht schlechterdings fordert, dem Freiheitstriebe
der Phantasie widersprochen wird. Dort schwingen wir uns

von dem Wirklichen zu dem Möglichen und von dem Individuum zur Gattung empor; hier hingegen steigen wir vom Möglichen zum Wirklichen herunter und schließen die Gattung in die Schranken des Individuums ein; kein Wunder also, wenn wir uns bei ästhetischen Urteilen erweitert, bei moralischen hingegen eingeengt und gebunden fühlen*.

Aus diesem allen ergibt sich denn, daß die moralische und die ästhetische Beurteilung, weit entfernt, einander zu unterstützen, einander vielmehr im Wege stehen, weil sie dem Gemüt zwei ganz entgegengesetzte Richtungen geben; denn die Gesetzmäßigkeit, welche die Vernunft als moralische Richterin fordert, besteht nicht mit der Ungebundenheit, welche die Einbildungskraft als ästhetische Richterin verlangt. Daher wird ein Objekt zu einem ästhetischen Gebrauch gerade um so viel weniger taugen, als es sich zu einem moralischen qualifiziert; und wenn der Dichter es dennoch erwählen müßte, so wird er wohl tun, es so zu behandeln,

---

* Diese Auflösung, erinnre ich beiläufig, erklärt uns auch die Verschiedenheit des ästhetischen Eindrucks, den die Kantische Vorstellung der Pflicht auf seine verschiedenen Beurteiler zu machen pflegt. Ein nicht zu verachtender Teil des Publikums findet diese Vorstellung der Pflicht sehr demütigend; ein andrer findet sie unendlich erhebend für das Herz. Beide haben Recht, und der Grund dieses Widerspruchs liegt bloß in der Verschiedenheit des Standpunkts, aus welchem beide diesen Gegenstand betrachten. Seine bloße Schuldigkeit tun, hat allerdings nichts Großes, und insofern das Beste, was wir zu leisten vermögen, nichts als Erfüllung, und noch mangelhafte Erfüllung, unserer Pflicht ist, liegt in der höchsten Tugend nichts Begeisterndes. Aber bei allen Schranken der sinnlichen Natur dennoch treu und beharrlich seine Schuldigkeit tun und in den Fesseln der Materie dem heiligen Geistergesetz unwandelbar folgen, dies ist allerdings erhebend und der Bewunderung wert. Gegen die Geisterwelt gehalten, ist an unsrer Tugend freilich nichts Verdienstliches, und wie viel wir es uns auch kosten lassen mögen, wir werden immer unnütze Knechte sein; gegen die Sinnenwelt gehalten, ist sie hingegen ein desto erhabeneres Objekt. Insofern wir also Handlungen moralisch beurteilen und sie auf das Sittengesetz beziehen, werden wir wenig Ursache haben, auf unsere Sittlichkeit stolz zu sein; insofern wir aber auf die Möglichkeit dieser Handlungen sehen und das Vermögen unsers Gemüts, das denselben zum Grund liegt, auf die Welt der Erscheinungen beziehen, d. h. insofern wir uns ästhetisch beurteilen, ist uns ein gewisses Selbstgefühl erlaubt, ja es ist sogar notwendig, weil wir ein Prinzipium in uns aufdecken, das über alle Vergleichung groß und unendlich ist.

daß nicht sowohl unsre Vernunft auf die *Regel* des Willens, als vielmehr unsre Phantasie auf das *Vermögen* des Willens hingewiesen werde. Um seiner selbst willen muß der Dichter diesen Weg einschlagen, denn mit unserer Freiheit ist sein Reich zu Ende. Nur solange wir außer uns anschauen, sind wir *sein*; er hat uns verloren, sobald wir in unsern eigenen Busen greifen. Dies erfolgt aber unausbleiblich, sobald ein Gegenstand nicht mehr als Erscheinung von uns betrachtet wird, sondern als Gesetz über uns richtet.

Selbst von den Äußerungen der erhabensten Tugend kann der Dichter nichts für seine Absichten brauchen, als was an denselben der Kraft gehört. Um die Richtung der Kraft bekümmert er sich nichts. Der Dichter, auch wenn er die vollkommensten sittlichen Muster vor unsre Augen stellt, hat keinen andern Zweck und darf keinen andern haben, als uns durch Betrachtung derselben zu ergötzen. Nun kann uns aber nichts ergötzen, als was unser Subjekt verbessert, und nichts kann uns geistig ergötzen, als was unser geistiges Vermögen erhöht. Wie kann aber die Pflichtmäßigkeit eines andern *unser* Subjekt verbessern und unsere geistige Kraft vermehren? Daß er seine Pflicht wirklich erfüllt, beruht auf einem zufälligen Gebrauche, den *er* von seiner Freiheit macht und der eben darum für *uns* nichts beweisen kann. Es ist bloß das Vermögen zu einer ähnlichen Pflichtmäßigkeit, was wir mit ihm teilen, und indem wir in seinem Vermögen auch das unsrige wahrnehmen, fühlen wir unsere geistige Kraft erhöht. Es ist also bloß die vorgestellte Möglichkeit eines absolut freien Wollens, wodurch die wirkliche Ausübung desselben unserm ästhetischen Sinn gefällt.

Noch mehr wird man sich davon überzeugen, wenn man nachdenkt, wie wenig die poetische Kraft des Eindrucks, den sittliche Charaktere oder Handlungen auf uns machen, von ihrer historischen Realität abhängt. Unser Wohlgefallen an idealischen Charakteren verliert nichts durch die Erinnerung, daß sie poetische Fiktionen sind, denn es ist die poetische, nicht die historische Wahrheit, auf welche alle ästhetische Wirkung sich gründet. Die poetische Wahrheit besteht aber nicht darin, daß etwas wirklich geschehen ist, sondern darin, daß es geschehen konnte, also in der innern Möglichkeit der Sache. Die ästhetische Kraft muß also schon in der vorgestellten Möglichkeit liegen.

Selbst an wirklichen Begebenheiten historischer Personen ist nicht die Existenz, sondern das durch die Existenz kund gewordene Vermögen das Poetische. Der Umstand, daß diese Personen wirklich lebten und daß diese Begebenheiten wirklich erfolgten, kann zwar sehr oft unser Vergnügen vermehren, aber mit einem fremdartigen Zusatz, der dem poetischen Eindruck vielmehr nachteilig als beförderlich ist. Man hat lange geglaubt, der Dichtkunst unsers Vaterlands einen Dienst zu erweisen, wenn man den Dichtern Nationalgegenstände zur Bearbeitung empfahl. Dadurch, hieß es, wurde die griechische Poesie so bemächtigend für das Herz, weil sie einheimische Szenen malte und einheimische Taten verewigte. Es ist nicht zu leugnen, daß die Poesie der Alten, dieses Umstandes halber, Wirkungen leistete, deren die neuere Poesie sich nicht rühmen kann – aber gehörten diese Wirkungen der Kunst und dem Dichter? Wehe dem griechischen Kunstgenie, wenn es vor dem Genius der Neuern nichts weiter als diesen zufälligen Vorteil voraus hätte, und wehe dem griechischen Kunstgeschmack, wenn er durch diese historischen Beziehungen in den Werken seiner Dichter erst hätte gewonnen werden müssen! Nur ein barbarischer Geschmack braucht den Stachel des Privatinteresse, um zu der Schönheit hingelockt zu werden, und nur der Stümper borgt von dem Stoffe eine Kraft, die er in die Form zu legen verzweifelt. Die Poesie soll ihren Weg nicht durch die kalte Region des Gedächtnisses nehmen, soll nie die Gelehrsamkeit zu ihrer Auslegerin, nie den Eigennutz zu ihrem Fürsprecher machen. Sie soll das Herz treffen, weil sie aus dem Herzen floß, und nicht auf den Staatsbürger in dem Menschen, sondern auf den Menschen in dem Staatsbürger zielen.

Es ist ein Glück, daß das wahre Genie auf die Fingerzeige nicht viel achtet, die man ihm, aus besserer Meinung als Befugnis, zu erteilen sich sauer werden läßt; sonst würden

Sulzer und seine Nachfolger der deutschen Poesie eine sehr
zweideutige Gestalt gegeben haben. Den Menschen moralisch
auszubilden und Nationalgefühle in dem Bürger zu entzün-
den, ist zwar ein sehr ehrenvoller Auftrag für den Dichter,
und die Musen wissen es am besten, wie nahe die Künste des
Erhabenen und Schönen damit zusammenhängen mögen.
Aber was die Dichtkunst mittelbar ganz vortrefflich macht,
würde ihr unmittelbar nur sehr schlecht gelingen. Die Dichtkunst führt bei dem Menschen nie ein besonderes Geschäft
aus, und man könnte kein ungeschickteres Werkzeug erwählen, um einen einzelnen Auftrag, ein Detail, gut besorgt zu
sehen. Ihr Wirkungskreis ist das Total der menschlichen Natur, und bloß, insofern sie auf den Charakter einfließt, kann
sie auf seine einzelnen Wirkungen Einfluß haben. Die Poesie
kann dem Menschen werden, was dem Helden die Liebe ist.
Sie kann ihm weder raten, noch mit ihm schlagen, noch sonst
eine Arbeit für ihn tun; aber zum Helden kann sie ihn er-
ziehn, zu Taten kann sie ihn rufen und zu allem, was er
sein soll, ihn mit Stärke ausrüsten.
Die ästhetische Kraft, womit uns das Erhabene der Gesinnung und Handlung ergreift, beruht also keineswegs auf dem
Interesse der Vernunft, daß recht gehandelt *werde*, sondern
auf dem Interesse der Einbildungskraft, daß recht handeln
möglich sei, d. h. daß keine Empfindung, wie mächtig sie
auch sei, die Freiheit des Gemüts zu unterdrücken vermöge.
Diese Möglichkeit liegt aber in jeder starken Äußerung von
Freiheit und Willenskraft, und wo nur irgend der Dichter
diese antrifft, da hat er einen zweckmäßigen Gegenstand
für seine Darstellung gefunden. Für *sein* Interesse ist es eins,
aus welcher Klasse von Charakteren, der schlimmen oder
guten, er seine Helden nehmen will, da das nämliche Maß
von Kraft, welches zum Guten nötig ist, sehr oft zur Konsequenz im Bösen erfordert werden kann. Wie viel mehr wir
in ästhetischen Urteilen auf die Kraft als auf die Richtung
der Kraft, wie viel mehr auf Freiheit als auf Gesetzmäßigkeit sehen, wird schon daraus hinlänglich offenbar, daß wir
Kraft und Freiheit lieber auf Kosten der Gesetzmäßigkeit

geäußert, als die Gesetzmäßigkeit auf Kosten der Kraft und Freiheit beobachtet sehen. Sobald nämlich Fälle eintreten, wo das moralische Gesetz sich mit Antrieben gattet, die den Willen durch ihre Macht fortzureißen drohen, so gewinnt der Charakter ästhetisch, wenn er diesen Antrieben widerstehen kann. Ein Lasterhafter fängt an, uns zu interessieren, sobald er Glück und Leben wagen muß, um seinen schlimmen Willen durchzusetzen; ein Tugendhafter hingegen verliert in demselben Verhältnis unsre Aufmerksamkeit, als seine Glückseligkeit selbst ihn zum Wohlverhalten nötigt. Rache, zum Beispiel, ist unstreitig ein unedler und selbst niedriger Affekt. Nichtsdestoweniger wird sie ästhetisch, sobald sie dem, der sie ausübt, ein schmerzhaftes Opfer kostet. Medea, indem sie ihre Kinder ermordet, zielt bei dieser Handlung auf Jasons Herz, aber zugleich führt sie einen schmerzhaften Stich auf ihr eigenes, und ihre Rache wird ästhetisch erhaben, sobald wir die zärtliche Mutter sehen.

Das ästhetische Urteil enthält hierin mehr Wahres, als man gewöhnlich glaubt. Offenbar kündigen Laster, welche von Willensstärke zeugen, eine größere Anlage zur wahrhaften moralischen Freiheit an als Tugenden, die eine Stütze von der Neigung entlehnen, weil es dem konsequenten Bösewicht nur einen einzigen Sieg über sich selbst, eine einzige Umkehrung der Maximen kostet, um die ganze Konsequenz und Willensfertigkeit, die er an das Böse verschwendete, dem Guten zuzuwenden. Woher sonst kann es kommen, daß wir den halbguten Charakter mit Widerwillen von uns stoßen und dem ganz schlimmen oft mit schauernder Bewunderung folgen? Daher unstreitig, weil wir bei jenem auch die Möglichkeit des absolut freien Wollens aufgeben, diesem hingegen es in jeder Äußerung anmerken, daß er durch einen einzigen Willensakt sich zur ganzen Würde der Menschheit aufrichten kann.

In ästhetischen Urteilen sind wir also nicht für die Sittlichkeit an sich selbst, sondern bloß für die Freiheit interessiert, und jene kann nur insofern unsrer Einbildungskraft gefallen, als sie die letztere sichtbar macht. Es ist daher offenbare

Verwirrung der Grenzen, wenn man moralische Zweckmäßigkeit in ästhetischen Dingen fordert und, um das Reich
der Vernunft zu erweitern, die Einbildungskraft aus ihrem
rechtmäßigen Gebiete verdrängen will. Entweder wird man
sie ganz unterjochen müssen, und dann ist es um alle ästhetische Wirkung geschehen; oder sie wird mit der Vernunft
ihre Herrschaft teilen, und dann wird für Moralität wohl
nicht viel gewonnen sein. Indem man zwei verschiedene
Zwecke verfolgt, wird man Gefahr laufen, beide zu verfehlen. Man wird die Freiheit der Phantasie durch moralische Gesetzmäßigkeit fesseln und die Notwendigkeit der
Vernunft durch die Willkür der Einbildungskraft zerstören.

Über das Erhabene

»Kein Mensch muß müssen« sagt der Jude Nathan zum Derwisch, und dieses Wort ist in einem weiteren Umfange wahr, als man demselben vielleicht einräumen möchte. Der Wille ist der Geschlechtscharakter des Menschen, und die Vernunft selbst ist nur die ewige Regel desselben. Vernünftig handelt die ganze Natur; sein Prärogativ ist bloß, daß er mit Bewußtsein und Willen vernünftig handelt. Alle andere Dinge müssen; der Mensch ist das Wesen, welches will.

Eben deswegen ist des Menschen nichts so unwürdig, als Gewalt zu erleiden, denn Gewalt hebt ihn auf. Wer sie uns antut, macht uns nichts Geringeres als die Menschheit streitig; wer sie feigerweise erleidet, wirft seine Menschheit hinweg. Aber dieser Anspruch auf absolute Befreiung von allem, was Gewalt ist, scheint ein Wesen vorauszusetzen, welches Macht genug besitzt, jede andere Macht von sich abzutreiben. Findet er sich in einem Wesen, welches im Reich der Kräfte nicht den obersten Rang behauptet, so entsteht daraus ein unglücklicher Widerspruch zwischen dem Trieb und dem Vermögen.

In diesem Falle befindet sich der Mensch. Umgeben von zahllosen Kräften, die alle ihm überlegen sind und den Meister über ihn spielen, macht er durch seine Natur Anspruch, von keiner Gewalt zu erleiden. Durch seinen Verstand zwar steigert er künstlicherweise seine natürlichen Kräfte, und bis auf einen gewissen Punkt gelingt es ihm wirklich, physisch über alles Physische Herr zu werden. Gegen alles, sagt das Sprichwort, gibt es Mittel, nur nicht gegen den Tod. Aber diese einzige Ausnahme, wenn sie das wirklich im strengsten Sinne ist, würde den ganzen Begriff des Menschen aufheben. Nimmermehr kann er das Wesen sein, welches will, wenn es auch nur *einen* Fall gibt, wo er schlechterdings muß, was er nicht will. Dieses einzige Schreckliche, *was er nur muß und nicht will*, wird wie ein Gespenst ihn begleiten und ihn, wie auch wirklich bei den mehresten Menschen der Fall ist, den blinden Schrecknissen der Phantasie

zur Beute überliefern; seine gerühmte Freiheit ist absolut
nichts, wenn er auch nur in einem einzigen Punkte gebunden
ist. Die Kultur soll den Menschen in Freiheit setzen und ihm
dazu behilflich sein, seinen ganzen Begriff zu erfüllen. Sie
soll ihn also fähig machen, seinen Willen zu behaupten, denn
der Mensch ist das Wesen, welches will.

Dies ist auf zweierlei Weise möglich. Entweder *realistisch*,
wenn der Mensch der Gewalt Gewalt entgegensetzt, wenn er
als Natur die Natur beherrschet; oder *idealistisch*, wenn er
aus der Natur heraustritt und so, in Rücksicht auf sich, den
Begriff der Gewalt vernichtet. Was ihm zu dem ersten verhilft, heißt physische Kultur. Der Mensch bildet seinen Verstand und seine sinnlichen Kräfte aus, um die Naturkräfte
nach ihren eigenen Gesetzen entweder zu Werkzeugen seines
Willens zu machen oder sich vor ihren Wirkungen, die er
nicht lenken kann, in Sicherheit zu setzen. Aber die Kräfte
der Natur lassen sich nur bis auf einen gewissen Punkt beherrschen oder abwehren; über diesen Punkt hinaus entzie-
hen sie sich der Macht des Menschen und unterwerfen ihn der
ihrigen.

Jetzt also wäre es um seine Freiheit getan, wenn er keiner
andern als physischen Kultur fähig wäre. Er soll aber ohne
Ausnahme Mensch sein, also in keinem Fall etwas *gegen*
seinen Willen erleiden. Kann er also den physischen Kräften
keine verhältnismäßige physische Kraft mehr entgegenset-
zen, so bleibt ihm, um keine Gewalt zu erleiden, nichts anders übrig als: *ein Verhältnis*, welches ihm so nachteilig ist,
ganz und gar aufzuheben und eine Gewalt, die er der Tat
nach erleiden muß, *dem Begriff nach zu vernichten*. Eine
Gewalt dem Begriffe nach vernichten, heißt aber nichts anders, als sich derselben freiwillig unterwerfen. Die Kultur,
die ihn dazu geschickt macht, heißt die moralische.

Der moralisch gebildete Mensch, und nur dieser, ist ganz
frei. Entweder er ist der Natur als Macht überlegen, oder
er ist einstimmig mit derselben. Nichts, was sie an ihm ausübt, ist Gewalt, denn eh' es bis zu *ihm* kommt, ist es schon
seine eigene Handlung geworden, und die dynamische Natur

erreicht ihn selbst nie, weil er sich von allem, was sie erreichen kann, freitätig scheidet. Diese Sinnesart aber, welche
die Moral unter dem Begriff der Resignation in die Notwendigkeit und die Religion unter dem Begriff der Ergebung in den göttlichen Ratschluß lehret, erfordert, wenn sie
ein Werk der freien Wahl und Überlegung sein soll, schon
eine größere Klarheit des Denkens und eine höhere Energie
des Willens, als dem Menschen im handelnden Leben eigen
zu sein pflegt. Glücklicherweise aber ist nicht bloß in seiner
rationalen Natur eine moralische Anlage, welche durch den
Verstand entwickelt werden kann, sondern selbst in seiner
sinnlich vernünftigen, d. h. menschlichen Natur eine *ästhetische* Tendenz dazu vorhanden, welche durch gewisse sinnliche Gegenstände geweckt und durch Läuterung seiner Gefühle zu diesem idealistischen Schwung des Gemüts kultiviert werden kann. Von dieser, ihrem Begriff und Wesen
nach zwar idealistischen Anlage, die aber auch selbst der
Realist in seinem Leben deutlich genug an den Tag legt, obgleich er sie in seinem System nicht zugibt*, werde ich gegenwärtig handeln.
Zwar reichen schon die entwickelten Gefühle für Schönheit
dazu hin, uns bis auf einen gewissen Grad von der Natur
als einer Macht unabhängig zu machen. Ein Gemüt, welches
sich soweit veredelt hat, um mehr von den Formen als dem
Stoff der Dinge gerührt zu werden und, ohne alle Rücksicht
auf Besitz, aus der bloßen Reflexion über die Erscheinungs-
weise ein freies Wohlgefallen zu schöpfen, ein solches Gemüt
trägt in sich selbst eine innre unverlierbare Fülle des Lebens,
und weil es nicht nötig hat, sich die Gegenstände zuzueig-
nen, in denen es lebt, so ist es auch nicht in Gefahr, derselben
beraubt zu werden. Aber endlich will doch auch der Schein
einen Körper haben, an welchem er sich zeigt, und solange
also ein Bedürfnis auch nur nach schönem Schein vorhanden
ist, bleibt ein Bedürfnis nach dem *Dasein* von Gegenständen

---

* Wie überhaupt nichts wahrhaft idealistisch heißen kann, als was der
vollkommene Realist wirklich unbewußt ausübt und nur durch eine
Inkonsequenz leugnet.

übrig, und unsre Zufriedenheit ist folglich noch von der Natur als Macht abhängig, welche über alles Dasein gebietet. Es ist nämlich etwas ganz anders, ob wir ein Verlangen nach schönen und guten Gegenständen fühlen oder ob wir bloß verlangen, daß die vorhandenen Gegenstände schön und gut seien. Das letzte kann mit der höchsten Freiheit des Gemüts bestehen, aber das erste nicht; daß das Vorhandene schön und gut sei, können wir fordern; daß das Schöne und Gute vorhanden sei, bloß wünschen. Diejenige Stimmung des Gemüts, welcher gleichgültig ist, ob das Schöne und Gute und Vollkommene existiere, aber mit rigoristischer Strenge verlangt, daß das Existierende gut und schön und vollkommen sei, heißt vorzugsweise groß und erhaben, weil sie alle Realitäten des schönen Charakters enthält, ohne seine Schranken zu teilen.

Es ist ein Kennzeichen guter und schöner, aber jederzeit schwacher Seelen, immer ungeduldig auf Existenz ihrer moralischen Ideale zu dringen und von den Hindernissen derselben schmerzlich gerührt zu werden. Solche Menschen setzen sich in eine traurige Abhängigkeit von dem Zufall, und es ist immer mit Sicherheit vorher zu sagen, daß sie der Materie in moralischen und ästhetischen Dingen zuviel einräumen und die höchste Charakter- und Geschmacksprobe nicht bestehen werden. Das moralisch Fehlerhafte soll uns nicht Leiden und Schmerz einflößen, welches immer mehr von einem unbefriedigten Bedürfnis als von einer unerfüllten Forderung zeugt. Diese muß einen rüstigern Affekt zum Begleiter haben und das Gemüt eher stärken und in seiner Kraft befestigen, als kleinmütig und unglücklich machen.

Zwei Genien sind es, die uns die Natur zu Begleitern durchs Leben gab. Der eine, gesellig und hold, verkürzt uns durch sein munteres Spiel die mühvolle Reise, macht uns die Fesseln der Notwendigkeit leicht und führt uns unter Freude und Scherz bis an die gefährlichen Stellen, wo wir als reine Geister handeln und alles Körperliche ablegen müssen, bis zur Erkenntnis der Wahrheit und zur Ausübung der Pflicht. Hier verläßt er uns, denn nur die Sinnenwelt ist sein Gebiet, über diese hinaus kann ihn sein irdischer Flügel nicht tragen. Aber jetzt tritt der andere hinzu, ernst und schweigend, und mit starkem Arm trägt er uns über die schwindlige Tiefe.

In dem ersten dieser Genien erkennet man das Gefühl des Schönen, in dem zweiten das Gefühl des Erhabenen. Zwar ist schon das Schöne ein Ausdruck der Freiheit, aber nicht derjenigen, welche uns über die Macht der Natur erhebt und von allem körperlichen Einfluß entbindet, sondern derjenigen, welche wir innerhalb der Natur als Menschen genießen. Wir fühlen uns frei bei der Schönheit, weil die sinnlichen Triebe mit dem Gesetz der Vernunft harmonieren; wir fühlen uns frei beim Erhabenen, weil die sinnlichen Triebe auf die Gesetzgebung der Vernunft keinen Einfluß haben, weil der Geist hier handelt, als ob er unter keinen andern als seinen eigenen Gesetzen stünde.

Das Gefühl des Erhabenen ist ein gemischtes Gefühl. Es ist eine Zusammensetzung von *Wehsein*, das sich in seinem höchsten Grad als ein Schauer äußert, und von *Frohsein*, das bis zum Entzücken steigen kann und, ob es gleich nicht eigentlich Lust ist, von feinen Seelen aller Lust doch weit vorgezogen wird. Diese Verbindung zweier widersprechender Empfindungen in einem einzigen Gefühl beweist unsere moralische Selbständigkeit auf eine unwiderlegliche Weise. Denn da es absolut unmöglich ist, daß der nämliche Gegenstand in zwei entgegengesetzten Verhältnissen zu uns stehe, so folgt daraus, daß *wir selbst* in zwei verschiedenen Verhältnissen zu dem Gegenstand stehen, daß folglich zwei entgegengesetzte Naturen in uns vereinigt sein müssen, welche bei Vorstellung desselben auf ganz entgegengesetzte Art interessiert sind. Wir erfahren also durch das Gefühl des Erhabenen, daß sich der Zustand unsers Geistes nicht notwendig nach dem Zustand des Sinnes richtet, daß die Gesetze der Natur nicht notwendig auch die unsrigen sind, und daß wir ein selbständiges Prinzipium in uns haben, welches von allen sinnlichen Rührungen unabhängig ist.

Der erhabene Gegenstand ist von doppelter Art. Wir beziehen ihn entweder auf unsere *Fassungskraft* und erliegen bei

dem Versuch, uns ein Bild oder einen Begriff von ihm zu
bilden; oder wir beziehen ihn auf unsere *Lebenskraft* und
betrachten ihn als eine Macht, gegen welche die unsrige in
nichts verschwindet. Aber ob wir gleich in dem einen wie
in dem andern Fall durch seine Veranlassung das peinliche
Gefühl unserer Grenzen erhalten, so fliehen wir ihn doch
nicht, sondern werden vielmehr mit unwiderstehlicher Gewalt von ihm angezogen. Würde dieses wohl möglich sein,
wenn die Grenzen unsrer Phantasie zugleich die Grenzen
unsrer Fassungskraft wären? Würden wir wohl an die All-
gewalt der Naturkräfte gern erinnert sein wollen, wenn wir
nicht noch etwas anders im Rückhalt hätten, als was ihnen
zum Raube werden kann? Wir ergötzen uns an dem Sinn-
lich-Unendlichen, weil wir denken können, was die Sinne
nicht mehr fassen und der Verstand nicht mehr begreift.
Wir werden begeistert von dem Furchtbaren, weil wir wollen können, was die Triebe verabscheuen, und verwerfen,
was sie begehren. Gern lassen wir die Imagination im Reich
der Erscheinungen ihren Meister finden, denn endlich ist es
doch nur eine sinnliche Kraft, die über eine andere sinnliche
triumphiert, aber an das absolut Große in uns selbst kann
die Natur in ihrer ganzen Grenzenlosigkeit nicht reichen.
Gern unterwerfen wir der physischen Notwendigkeit unser
Wohlsein und unser Dasein, denn das erinnert uns eben, daß
sie über unsre Grundsätze nicht zu gebieten hat. Der Mensch
ist in ihrer Hand, aber des Menschen Wille ist in der seinigen.

Und so hat die Natur sogar ein sinnliches Mittel angewendet, uns zu lehren, daß wir mehr als bloß sinnlich sind; so
wußte sie selbst Empfindungen dazu zu benutzen, uns der
Entdeckung auf die Spur zu führen, daß wir der Gewalt
der Empfindungen nichts weniger als sklavisch unterworfen
sind. Und dies ist eine ganz andere Wirkung, als durch das
Schöne geleistet werden kann – durch das Schöne der Wirklichkeit nämlich, denn im Idealschönen muß sich auch das
Erhabene verlieren. Bei dem Schönen stimmen Vernunft und
Sinnlichkeit zusammen, und nur um dieser Zusammenstim-

mung willen hat es Reiz für uns. Durch die Schönheit allein
würden wir also ewig nie erfahren, daß wir bestimmt und
fähig sind, uns als reine Intelligenzen zu beweisen. Beim Erhabenen hingegen stimmen Vernunft und Sinnlichkeit *nicht*
zusammen, und eben in diesem Widerspruch zwischen beiden
liegt der Zauber, womit es unser Gemüt ergreift. Der physische und der moralische Mensch werden hier aufs schärfste
voneinander geschieden; denn gerade bei solchen Gegenständen, wo der erste nur seine Schranken empfindet, macht der
andere die Erfahrung seiner *Kraft* und wird durch eben das
unendlich erhoben, was den andern zu Boden drückt.
Ein Mensch, will ich annehmen, soll alle die Tugenden besitzen, deren Vereinigung den *schönen Charakter* ausmacht.
Er soll in der Ausübung der Gerechtigkeit, Wohltätigkeit,
Mäßigkeit, Standhaftigkeit und Treue seine Wollust finden;
alle Pflichten, deren Befolgung ihm die Umstände nahelegen,
sollen ihm zum leichten Spiele werden, und das Glück soll
ihm keine Handlung schwermachen, wozu nur immer sein
menschenfreundliches Herz ihn auffordern mag. Wem wird
dieser schöne Einklang der natürlichen Triebe mit den Vorschriften der Vernunft nicht entzückend sein, und wer sich
enthalten können, einen solchen Menschen zu lieben? Aber
können wir uns wohl, bei aller Zuneigung zu demselben,
versichert halten, daß er wirklich ein Tugendhafter ist, und
daß es überhaupt eine Tugend gibt? Wenn es dieser Mensch
auch bloß auf angenehme Empfindungen angelegt hätte, so
könnte er, ohne ein Tor zu sein, schlechterdings nicht anders
handeln, und er müßte seinen eignen Vorteil hassen, wenn er
lasterhaft sein wollte. Es kann sein, daß die Quelle seiner
Handlungen rein ist, aber das muß er mit seinem eignen
Herzen ausmachen: *wir* sehen nichts davon. Wir sehen ihn
nicht mehr tun, als auch der bloß kluge Mann tun müßte,
der das Vergnügen zu seinem Gott macht. Die Sinnenwelt
also erklärt das ganze Phänomen seiner Tugend, und wir
haben gar nicht nötig, uns jenseits derselben nach einem
Grund davon umzusehen.
Dieser nämliche Mensch soll aber plötzlich in ein großes Un-

glück geraten. Man soll ihn seiner Güter berauben, man soll seinen guten Namen zugrund richten. Krankheiten sollen ihn auf ein schmerzhaftes Lager werfen, alle, die er liebt, soll der Tod ihm entreißen, alle, denen er vertraut, ihn in der Not verlassen. In diesem Zustande suche man ihn wieder auf und fordre von dem Unglücklichen die Ausübung der nämlichen Tugenden, zu denen der Glückliche einst so bereit gewesen war. Findet man ihn in diesem Stück noch ganz als den nämlichen, hat die Armut seine Wohltätigkeit, der Undank seine Dienstfertigkeit, der Schmerz seine Gleichmütigkeit, eignes Unglück seine Teilnehmung an fremdem Glücke nicht vermindert, bemerkt man die Verwandlung seiner Umstände in seiner Gestalt, aber nicht in seinem Betragen, in der Materie, aber nicht in der Form seines Handelns – dann freilich reicht man mit keiner Erklärung aus dem *Naturbegriff* mehr aus (nach welchem es schlechterdings notwendig ist, daß das Gegenwärtige als Wirkung sich auf etwas Vergangenes als seine Ursache gründet), weil nichts widersprechender sein kann, als daß die Wirkung dieselbe bleibe, wenn die Ursache sich in ihr Gegenteil verwandelt hat. Man muß also jeder natürlichen Erklärung entsagen, muß es ganz und gar aufgeben, das Betragen aus dem Zustande abzuleiten, und den Grund des erstern aus der physischen Weltordnung heraus in eine ganz andere verlegen, welche die Vernunft zwar mit ihren Ideen erfliegen, der Verstand aber mit seinen Begriffen nicht erfassen kann. Diese Entdeckung des absoluten moralischen Vermögens, welches an keine Naturbedingung gebunden ist, gibt dem wehmütigen Gefühl, wovon wir beim Anblick eines solchen Menschen ergriffen werden, den ganz eignen unaussprechlichen Reiz, den keine Lust der Sinne, so veredelt sie auch seien, dem Erhabenen streitig machen kann.

Das Erhabene verschafft uns also einen Ausgang aus der sinnlichen Welt, worin uns das Schöne gern immer gefangenhalten möchte. Nicht allmählich (denn es gibt von der Abhängigkeit keinen Übergang zur Freiheit), sondern plötzlich und durch eine Erschütterung reißt es den selbständigen Geist aus dem Netze los, womit die verfeinerte Sinnlichkeit ihn umstrickte, und das um so fester bindet, je durchsichtiger es gesponnen ist. Wenn sie durch den unmerklichen Einfluß eines weichlichen Geschmacks auch noch soviel über die Menschen gewonnen hat – wenn es ihr gelungen ist, sich in der verführerischen Hülle des geistigen Schönen in den innersten Sitz der moralischen Gesetzgebung einzudrängen und dort die Heiligkeit der Maximen an ihrer Quelle zu vergiften, so ist oft eine einzige erhabene Rührung genug, dieses Gewebe des Betrugs zu zerreißen, dem gefesselten Geist seine ganze Schnellkraft auf einmal zurückzugeben, ihm eine Revelation über seine wahre Bestimmung zu erteilen und ein Gefühl seiner Würde, wenigstens für den Moment, aufzunötigen. Die Schönheit unter der Gestalt der Göttin Kalypso hat den tapfern Sohn des Ulysses bezaubert, und durch die Macht ihrer Reizungen hält sie ihn lange Zeit auf ihrer Insel gefangen. Lange glaubt er einer unsterblichen Gottheit zu huldigen, da er doch nur in den Armen der Wollust liegt – aber ein erhabener Eindruck ergreift ihn plötzlich unter Mentors Gestalt: er erinnert sich seiner bessern Bestimmung, wirft sich in die Wellen und ist frei.

Das Erhabene, wie das Schöne, ist durch die ganze Natur verschwenderisch ausgegossen, und die Empfindungsfähigkeit für beides in alle Menschen gelegt; aber der Keim dazu entwickelt sich ungleich, und durch die Kunst muß ihm nachgeholfen werden. Schon der Zweck der Natur bringt es mit sich, daß wir der Schönheit zuerst entgegeneilen, wenn wir noch vor dem Erhabenen fliehn; denn die Schönheit ist unsre Wärterin im kindischen Alter und soll uns ja aus dem rohen Naturzustand zur Verfeinerung führen. Aber ob sie gleich unsre erste Liebe ist und unsre Empfindungsfähigkeit für dieselbe zuerst sich entfaltet, so hat die Natur doch dafür gesorgt, daß sie langsamer reif wird und zu ihrer völligen Entwicklung erst die Ausbildung des Verstandes und Herzens abwartet. Erreichte der Geschmack seine völlige Reife, ehe Wahrheit und Sittlichkeit auf einen bessern Weg, als durch ihn geschehen kann, in unser Herz gepflanzt wä-

ren, so würde die Sinnenwelt ewig die Grenze unsrer Be-
strebungen bleiben. Wir würden weder in unsern Begriffen,
noch in unsern Gesinnungen über sie hinausgehn, und was
die Einbildungskraft nicht darstellen kann, würde auch keine
Realität für uns haben. Aber glücklicherweise liegt es schon
in der Einrichtung der Natur, daß der Geschmack, obgleich
er zuerst blüht, doch zuletzt unter allen Fähigkeiten des
Gemüts seine Zeitigung erhält. In dieser Zwischenzeit wird
Frist genug gewonnen, einen Reichtum von Begriffen in dem
Kopf und einen Schatz von Grundsätzen in der Brust anzu-
pflanzen und dann besonders auch die Empfindungsfähigkeit für das Große und Erhabene aus der Vernunft zu entwickeln.

Solange der Mensch bloß Sklave der physischen Notwendigkeit war, aus dem engen Kreis der Bedürfnisse noch keinen
Ausgang gefunden hatte und die hohe *dämonische* Freiheit
in seiner Brust noch nicht ahnete, so konnte ihn die *unfaßbare* Natur nur an die Schranken seiner Vorstellungskraft,
und die *verderbende* Natur nur an seine physische Ohnmacht
erinnern. Er mußte also die erste mit Kleinmut vorübergehen und sich von der andern mit Entsetzen abwenden. Kaum
aber macht ihm die freie Betrachtung gegen den blinden
Andrang der Naturkräfte Raum, und kaum entdeckt er in
dieser Flut von Erscheinungen etwas Bleibendes in seinem
eigenen Wesen, so fangen die wilden Naturmassen um ihn
herum an, eine ganz andere Sprache zu seinem Herzen zu
reden; und das relativ Große außer ihm ist der Spiegel,
worin er das absolut Große in ihm selbst erblickt. Furcht-
los und mit schauerlicher Lust nähert er sich jetzt diesen
Schreckbildern seiner Einbildungskraft und bietet absichtlich
die ganze Kraft dieses Vermögens auf, das Sinnlich-Unend-
liche darzustellen, um, wenn es bei diesem Versuche dennoch
unterliegt, die Überlegenheit seiner Ideen über das Höchste, was
die Sinnlichkeit leisten kann, desto lebhafter zu empfinden.
Der Anblick unbegrenzter Fernen und unabsehbarer Höhen,
der weite Ozean zu seinen Füßen und der größere Ozean
über ihm entreißen seinen Geist der engen Sphäre des Wirk-

lichen und der drückenden Gefangenschaft des physischen Lebens. Ein größerer Maßstab der Schätzung wird ihm von der simpeln Majestät der Natur vorgehalten, und von ihren großen Gestalten umgeben, erträgt er das Kleine in seiner Denkart nicht mehr. Wer weiß, wie manchen Lichtgedanken oder Heldenentschluß, den kein Studierkerker und kein Gesellschaftssaal zur Welt gebracht haben möchte, nicht schon dieser mutige Streit des Gemüts mit dem großen Naturgeist auf einem Spaziergang gebar – wer weiß, ob es nicht dem seltenern Verkehr mit diesem großen Genius zum Teil zuzuschreiben ist, daß der Charakter der Städter sich so gerne zum Kleinlichen wendet, verkrüppelt und welkt, wenn der Sinn des Nomaden offen und frei bleibt, wie das Firmament, unter dem er sich lagert.

Aber nicht bloß das Unerreichbare für die Einbildungskraft, das Erhabene der Quantität, auch das Unfaßbare für den Verstand, die *Verwirrung*, kann, sobald sie ins Große geht und sich als Werk der Natur ankündigt (denn sonst ist sie verächtlich), zu einer Darstellung des Übersinnlichen dienen und dem Gemüt einen Schwung geben. Wer verweilet nicht lieber bei der geistreichen Unordnung einer natürlichen Landschaft, als bei der geistlosen Regelmäßigkeit eines französischen Gartens? Wer bestaunt nicht lieber den wunderbaren Kampf zwischen Fruchtbarkeit und Zerstörung in Siziliens Fluren, weidet sein Auge nicht lieber an Schottlands wilden Katarakten und Nebelgebirgen, Ossians großer Natur, als daß er in dem schnurgerechten Holland den sauren Sieg der Geduld über das trotzigste der Elemente bewundert? Niemand wird leugnen, daß in Bataviens Triften für den physischen Menschen besser gesorgt ist als unter dem tückischen Krater des Vesuv, und daß der Verstand, der begreifen und ordnen will, bei einem regulären Wirtschaftsgarten weit mehr als bei einer wilden Naturlandschaft seine Rechnung findet. Aber der Mensch hat noch ein Bedürfnis mehr, als zu leben und sich wohl sein zu lassen, und auch noch eine andere Bestimmung, als die Erscheinungen um ihn herum zu begreifen.

Was dem Reisenden von Empfindung die wilde Bizarrerie in der physischen Schöpfung so anziehend macht, eben das eröffnet einem begeisterungsfähigen Gemüt, selbst in der bedenklichen Anarchie der moralischen Welt, die Quelle eines ganz eignen Vergnügens. Wer freilich die große Haushaltung der Natur mit der dürftigen Fackel des *Verstandes* beleuchtet und immer nur darauf ausgeht, ihre kühne Unordnung in Harmonie aufzulösen, der kann sich in einer Welt nicht gefallen, wo mehr der tolle Zufall als ein weiser Plan zu regieren scheint und bei weitem in den mehresten Fällen Verdienst und Glück miteinander im Widerspruche stehn. Er will haben, daß in dem großen Weltlaufe alles wie in einer guten Wirtschaft geordnet sei, und vermißt er, wie es nicht wohl anders sein kann, diese Gesetzmäßigkeit, so bleibt ihm nichts anders übrig, als von einer künftigen Existenz und von einer andern Natur die Befriedigung zu erwarten, die ihm die gegenwärtige und vergangene schuldig bleibt. Wenn er es hingegen gutwillig aufgibt, dieses gesetzlose Chaos von Erscheinungen unter eine Einheit der Erkenntnis bringen zu wollen, so gewinnt er von einer andern Seite reichlich, was er von dieser verloren gibt. Gerade dieser gänzliche Mangel einer Zweckverbindung unter diesem Gedränge von Erscheinungen, wodurch sie für den Verstand, der sich an diese Verbindungsform halten muß, übersteigend und unbrauchbar werden, macht sie zu einem desto treffendern Sinnbild für die reine Vernunft, die in eben dieser wilden Ungebundenheit der Natur ihre eigne Unabhängigkeit von Naturbedingungen dargestellt findet. Denn wenn man einer Reihe von Dingen alle Verbindung unter sich nimmt, so hat man den Begriff der Independenz, der mit dem reinen Vernunftbegriff der Freiheit überraschend zusammenstimmt. Unter dieser Idee der Freiheit, welche sie aus ihrem eigenen Mittel nimmt, faßt also die Vernunft in eine Einheit des Gedankens zusammen, was der Verstand in keine Einheit der Erkenntnis verbinden kann, unterwirft sich durch diese Idee das unendliche Spiel der Erscheinungen und behauptet also ihre Macht zugleich über den Verstand als sinnlich be-

dingtes Vermögen. Erinnert man sich nun, welchen Wert
es für ein Vernunftwesen haben muß, sich seiner Independenz von Naturgesetzen bewußt zu werden, so begreift man,
wie es zugeht, daß Menschen von erhabener Gemütsstimmung durch diese ihnen dargebotene Idee der Freiheit sich
für allen Fehlschlag der Erkenntnis für entschädigt halten
können. Die Freiheit in allen ihren moralischen Widersprü-
chen und physischen Übeln ist für edle Gemüter ein unendlich interessanteres Schauspiel als Wohlstand und Ordnung
ohne Freiheit, wo die Schafe geduldig dem Hirten folgen und
der selbstherrschende Wille sich zum dienstbaren Glied eines
Uhrwerks herabsetzt. Das letzte macht den Menschen bloß
zu einem geistreichen Produkt und glücklichern Bürger der
Natur; die Freiheit macht ihn zum Bürger und Mitherrscher
eines höhern Systems, wo es unendlich ehrenvoller ist, den
untersten Platz einzunehmen, als in der physischen Ordnung
den Reihen anzuführen.

Aus diesem Gesichtspunkt betrachtet, und *nur* aus diesem,
ist mir die Weltgeschichte ein erhabenes Objekt. Die Welt, als
historischer Gegenstand, ist im Grunde nichts anders als der
Konflikt der Naturkräfte untereinander selbst und mit der
Freiheit des Menschen, und den Erfolg dieses Kampfs berichtet uns die Geschichte. So weit die Geschichte bis jetzt
gekommen ist, hat sie von der Natur (zu der alle Affekte
im Menschen gezählt werden müssen) weit größere Taten zu
erzählen, als von der selbständigen Vernunft, und diese hat
bloß durch einzelne Ausnahmen vom Naturgesetz in einem
Cato, Aristides, Phocion und ähnlichen Männern ihre Macht
behaupten können. Nähert man sich nur der Geschichte mit
großen Erwartungen von Licht und Erkenntnis – wie sehr
findet man sich da getäuscht! Alle wohlgemeinte Versuche
der Philosophie, das, was die moralische Welt *fordert*, mit
dem, was die wirkliche *leistet*, in Übereinstimmung zu bringen, werden durch die Aussagen der Erfahrungen widerlegt, und so gefällig die Natur in ihrem *organischen Reich*
sich nach den regulativen Grundsätzen der Beurteilung richtet oder zu richten scheint, so unbändig reißt sie im Reich

der Freiheit den Zügel ab, woran der Spekulationsgeist sie
gern gefangen führen möchte.

Wie ganz anders, wenn man darauf resigniert, sie zu *erklären*, und diese ihre Unbegreiflichkeit selbst zum Standpunkt der Beurteilung macht. Eben der Umstand, daß die
Natur, im großen angesehen, aller Regeln, die wir durch
unsern Verstand ihr vorschreiben, spottet, daß sie auf ihrem
eigenwilligen freien Gang die Schöpfungen der Weisheit
und des Zufalls mit gleicher Achtlosigkeit in den Staub tritt,
daß sie das Wichtige wie das Geringe, das Edle wie das Gemeine in *einem* Untergang mit sich fortreißt, daß sie hier
eine Ameisenwelt erhält, dort ihr herrlichstes Geschöpf, den
Menschen, in ihre Riesenarme faßt und zerschmettert, daß
sie ihre mühsamsten Erwerbungen oft in einer leichtsinnigen
Stunde verschwendet und an einem Werk der Torheit oft
jahrhundertelang baut – mit einem Wort: dieser Abfall der
Natur im großen von den Erkenntnisregeln, denen sie in
ihren einzelnen Erscheinungen sich unterwirft, macht die
absolute Unmöglichkeit sichtbar, durch *Naturgesetze* die
Natur selbst zu erklären und *von* ihrem Reiche gelten zu
lassen, was *in* ihrem Reiche gilt, und das Gemüt wird also
unwiderstehlich aus der Welt der Erscheinungen heraus in
die Ideenwelt, aus dem Bedingten ins Unbedingte getrieben.

Noch viel weiter als die sinnlich unendliche führt uns die
furchtbare und zerstörende Natur, solange wir nämlich bloß
freie Betrachter derselben bleiben. Der sinnliche Mensch
freilich und die Sinnlichkeit in dem vernünftigen fürchten
nichts so sehr, als mit dieser Macht zu zerfallen, die über
Wohlsein und Existenz zu gebieten hat.

Das höchste Ideal, wonach wir ringen, ist, mit der physischen Welt, als der Bewahrerin unserer Glückseligkeit, in
gutem Vernehmen zu bleiben, ohne darum genötigt zu sein,
mit der moralischen zu brechen, die unsre Würde bestimmt.
Nun geht es aber bekanntermaßen nicht immer an, beiden
Herren zu dienen, und wenn auch (ein fast unmöglicher
Fall) die Pflicht mit dem Bedürfnisse nie in Streit geraten
sollte, so geht doch die Naturnotwendigkeit keinen Vertrag

mit dem Menschen ein, und weder seine Kraft noch seine Geschicklichkeit kann ihn gegen die Tücke der Verhängnisse sicherstellen. Wohl ihm also, wenn er gelernt hat, zu ertragen, was er nicht ändern kann, und preiszugeben mit Würde, was er nicht retten kann! Fälle können eintreten, wo das Schicksal alle Außenwerke ersteigt, auf die er seine Sicherheit gründete, und ihm nichts weiter übrigbleibt, als sich in die heilige Freiheit der Geister zu flüchten – wo es kein andres Mittel gibt, den Lebenstrieb zu beruhigen, als zu wollen – und kein andres Mittel, der Macht der Natur zu widerstehen, als ihr zuvorzukommen und durch eine freie Aufhebung alles sinnlichen Interesse, ehe noch eine physische Macht es tut, sich moralisch zu entleiben.

Dazu nun stärken ihn erhabene Rührungen und ein öfterer Umgang mit der zerstörenden Natur, sowohl da, wo sie ihm ihre verderbliche Macht bloß von ferne zeigt, als wo sie sie wirklich gegen seine Mitmenschen äußert. Das Pathetische ist ein künstliches Unglück, und wie das wahre Unglück setzt es uns in *unmittelbaren Verkehr* mit dem Geistergesetz, das in unserm Busen gebietet. Aber das wahre Unglück wählt seinen Mann und seine Zeit nicht immer gut; es überrascht uns oft wehrlos, und was noch schlimmer ist, es *macht* uns oft *wehrlos*. Das künstliche Unglück des Pathetischen hingegen findet uns in voller Rüstung, und weil es bloß eingebildet ist, so gewinnt das selbständige Prinzipium in unserm Gemüte Raum, seine absolute Independenz zu behaupten. Je öfter nun der Geist diesen Akt von Selbsttätigkeit erneuert, desto mehr wird ihm derselbe zur Fertigkeit, einen desto größern Vorsprung gewinnt er vor dem sinnlichen Trieb, daß er endlich auch dann, wenn aus dem eingebildeten und künstlichen Unglück ein ernsthaftes wird, imstande ist, es als ein künstliches zu behandeln und – der höchste Schwung der Menschennatur! – das wirkliche Leiden in eine erhabene Rührung aufzulösen. Das Pathetische, kann man daher sagen, ist eine Inokulation des unvermeidlichen Schicksals, wodurch es seiner Bösartigkeit beraubt und der Angriff desselben auf die starke Seite des Menschen hingeleitet wird.

Also hinweg mit der falsch verstandenen Schonung und dem schlaffen verzärtelten Geschmack, der über das ernste Angesicht der Notwendigkeit einen Schleier wirft und, um sich bei den Sinnen in Gunst zu setzen, eine Harmonie zwischen dem Wohlsein und Wohlverhalten *lügt*, wovon sich in der wirklichen Welt keine Spuren zeigen. Stirne gegen Stirn zeige sich uns das böse Verhängnis. Nicht in der Unwissenheit der uns umlagernden Gefahren – denn diese muß doch endlich aufhören – nur in der *Bekanntschaft* mit denselben ist Heil für uns. Zu dieser Bekanntschaft nun verhilft uns das furchtbar herrliche Schauspiel der alles zerstörenden und wieder erschaffenden und wieder zerstörenden Veränderung – des bald langsam untergrabenden, bald schnell überfallenden Verderbens, verhelfen uns die pathetischen Gemälde der mit dem Schicksal ringenden Menschheit, der unaufhaltsamen Flucht des Glücks, der betrogenen Sicherheit, der triumphierenden Ungerechtigkeit und der unterliegenden Unschuld, welche die Geschichte in reichem Maß aufstellt und die tragische Kunst nachahmend vor unsre Augen bringt. Denn wo wäre derjenige, der, bei einer nicht ganz verwahrlosten moralischen Anlage, von dem hartnäckigen und doch vergeblichen Kampf des Mithridat, von dem Untergang der Städte Syrakus und Karthago lesen und bei solchen Szenen verweilen kann, ohne dem ernsten Gesetz der Notwendigkeit mit einem Schauer zu huldigen, seinen Begierden augenblicklich den Zügel anzuhalten und, ergriffen von dieser ewigen Untreue alles Sinnlichen, nach dem Beharrlichen in seinem Busen zu greifen? Die Fähigkeit, das Erhabene zu empfinden, ist also eine der herrlichsten Anlagen in der Menschennatur, die sowohl wegen ihres Ursprungs aus dem selbständigen Denk- und Willensvermögen unsre *Achtung*, als wegen ihres Einflusses auf den moralischen Menschen die vollkommenste Entwickelung verdient. Das Schöne macht sich bloß verdient um den *Menschen*, das Erhabene um den *reinen Dämon* in ihm; und weil es einmal unsre Bestimmung ist, auch bei allen sinnlichen Schranken uns nach dem Gesetzbuch reiner Geister zu richten, so muß das Erhabene zu dem Schönen hinzukommen, um die *ästhetische Erziehung* zu einem vollständigen Ganzen zu machen und die Empfindungsfähigkeit des menschlichen Herzens nach dem ganzen Umfang unsrer Bestimmung, und also auch über die Sinnenwelt hinaus, zu erweitern.

Ohne das Schöne würde zwischen unsrer Naturbestimmung und unsrer Vernunftbestimmung ein immerwährender Streit sein. Über dem Bestreben, unserm *Geisterberuf* Genüge zu leisten, würden wir unsre *Menschheit* versäumen und, alle Augenblicke zum Aufbruch aus der Sinnenwelt gefaßt, in dieser uns einmal angewiesenen Sphäre des Handelns beständig Fremdlinge bleiben. Ohne das Erhabene würde uns die Schönheit unsrer Würde vergessen machen. In der Erschlaffung eines ununterbrochenen Genusses würden wir die Rüstigkeit des *Charakters* einbüßen und, an *diese zufällige Form des Daseins* unauflösbar gefesselt, unsre unveränderliche Bestimmung und unser wahres Vaterland aus den Augen verlieren. Nur wenn das Erhabene mit dem Schönen sich gattet und unsre Empfänglichkeit für beides in gleichem Maß ausgebildet worden ist, sind wir vollendete Bürger der Natur, ohne deswegen ihre Sklaven zu sein und ohne unser Bürgerrecht in der intelligibeln Welt zu verscherzen.

Nun stellt zwar schon die Natur für sich allein Objekte in Menge auf, an denen sich die Empfindungsfähigkeit für das Schöne und Erhabene üben könnte; aber der Mensch ist, wie in andern Fällen, so auch hier, von der zweiten Hand besser bedient als von der ersten und will lieber einen zubereiteten und auserlesenen Stoff von der Kunst empfangen, als an der unreinen Quelle der Natur mühsam und dürftig schöpfen. Der nachahmende Bildungstrieb, der keinen *Eindruck* erleiden kann, ohne sogleich nach einem lebendigen *Ausdruck* zu streben, und in jeder schönen oder großen Form der Natur eine Ausforderung erblickt, mit ihr zu ringen, hat vor derselben den großen Vorteil voraus, dasjenige als Hauptzweck und als ein eigenes Ganzes behandeln zu dürfen, was die Natur – wenn sie es nicht gar absichtslos hinwirft – bei Verfolgung eines ihr näherliegenden Zwecks bloß im Vorbeigehen mitnimmt. Wenn die Natur in ihren schönen organischen Bildungen entweder durch die mangelhafte Individualität des Stoffes oder durch Einwirkung heterogener Kräfte *Gewalt erleidet*, oder wenn sie, in ihren großen und pathetischen Szenen, *Gewalt ausübt* und als eine Macht auf den Menschen wirkt, da sie doch bloß als Objekt der freien Betrachtung ästhetisch werden kann, so ist ihre Nachahmerin, die bildende Kunst, völlig frei, weil sie von ihrem Gegenstand alle zufällige Schranken absondert, und läßt auch das Gemüt des Betrachters frei, weil sie nur den *Schein* und nicht die *Wirklichkeit* nachahmt. Da aber der ganze Zauber des Erhabenen und Schönen nur in dem Schein und nicht in dem Inhalt liegt, so hat die Kunst alle Vorteile der Natur, ohne ihre Fesseln mit ihr zu teilen.

Über epische und dramatische Dichtung

Der Epiker und Dramatiker sind beide den allgemeinen poetischen Gesetzen unterworfen, besonders dem Gesetze der Einheit und dem Gesetze der Entfaltung; ferner behandeln sie beide ähnliche Gegenstände und können beide alle Arten von Motiven brauchen; ihr großer wesentlicher Unterschied beruht aber darin, daß der Epiker die Begebenheit als *vollkommen vergangen* vorträgt, und der Dramatiker sie als *vollkommen gegenwärtig* darstellt. Wollte man das Detail der Gesetze, wonach beide zu handeln haben, aus der Natur des Menschen herleiten, so müßte man sich einen Rhapsoden und einen Mimen, beide als Dichter, jenen mit seinem ruhig horchenden, diesen mit seinem ungeduldig schauenden und hörenden Kreise umgeben, immer vergegenwärtigen, und es würde nicht schwerfallen zu entwickeln, was einer jeden von diesen beiden Dichtarten am meisten frommt, welche Gegenstände jede vorzüglich wählen, welcher Motive sie sich vorzüglich bedienen wird; ich sage vorzüglich: denn, wie ich schon zu Anfang bemerkte, ganz ausschließlich kann sich keine etwas anmaßen.

Die Gegenstände des Epos und der Tragödie sollten rein menschlich, bedeutend und pathetisch sein: die Personen stehen am besten auf einem gewissen Grade der Kultur, wo die Selbsttätigkeit noch auf sich allein angewiesen ist, wo man nicht moralisch, politisch, mechanisch, sondern persönlich wirkt. Die Sagen aus der heroischen Zeit der Griechen waren in diesem Sinne den Dichtern besonders günstig.

Das epische Gedicht stellt vorzüglich persönlich beschränkte Tätigkeit, die Tragödie persönlich beschränktes Leiden vor; das epische Gedicht den *außer sich wirkenden* Menschen: Schlachten, Reisen, jede Art von Unternehmung, die eine gewisse sinnliche Breite fordert; die Tragödie den *nach innen geführten* Menschen, und die Handlungen der echten Tragödie bedürfen daher nur weniges Raums.

Der Motive kenne ich fünferlei Arten:

1) *Vorwärtsschreitende*, welche die Handlung fördern; deren bedient sich vorzüglich das Drama.

2) *Rückwärtsschreitende*, welche die Handlung von ihrem Ziele entfernen; deren bedient sich das epische Gedicht fast ausschließlich.

3) *Retardierende*, welche den Gang aufhalten oder den Weg verlängern; dieser bedienen sich beide Dichtarten mit dem größten Vorteile.

4) *Zurückgreifende*, durch die dasjenige, was vor der Epoche des Gedichts geschehen ist, hereingehoben wird.

5) *Vorgreifende*, die dasjenige, was nach der Epoche des Gedichts geschehen wird, antizipieren; beide Arten braucht der epische so wie der dramatische Dichter, um sein Gedicht vollständig zu machen.

Die *Welten*, welche zum Anschauen gebracht werden sollen, sind beiden gemein:

1) Die *physische*, und zwar erstlich die *nächste*, wozu die dargestellten Personen gehören und die sie umgibt. In dieser steht der Dramatiker meist auf *einem* Punkte fest, der Epiker bewegt sich freier in einem größern Lokal; zweitens die *entferntere* Welt, wozu ich die ganze Natur rechne. Diese bringt der epische Dichter, der sich überhaupt an die Imagination wendet, durch Gleichnisse näher, deren sich der Dramatiker sparsamer bedient.

2) Die *sittliche* ist beiden ganz gemein und wird am glücklichsten in ihrer physiologischen und pathologischen Einfalt dargestellt.

3) Die Welt der *Phantasien, Ahnungen, Erscheinungen, Zufälle* und *Schicksale*. Diese steht beiden offen, nur versteht sich, daß sie an die sinnliche herangebracht werde; wobei denn für die Modernen eine besondere Schwierigkeit entsteht, weil wir für die Wundergeschöpfe, Götter, Wahrsager und Orakel der Alten, so sehr es zu wünschen wäre, nicht leicht Ersatz finden.

Die Behandlung im ganzen betreffend, wird der Rhapsode, der das vollkommen Vergangene vorträgt, als ein weiser

Mann erscheinen, der in ruhiger Besonnenheit das Geschehene übersieht; sein Vortrag wird dahin zwecken, die Zuhörer zu beruhigen, damit sie ihm gern und lange zuhören, er wird das Interesse egal verteilen, weil er nicht imstande ist, einen allzu lebhaften Eindruck geschwind zu balancieren, er wird nach Belieben rückwärts und vorwärts greifen und wandeln; man wird ihm überall folgen, denn er hat es nur mit der Einbildungskraft zu tun, die sich ihre Bilder selbst hervorbringt, und der es auf einen gewissen Grad gleichgültig ist, was für welche sie aufruft. Der Rhapsode sollte als ein höheres Wesen in seinem Gedicht nicht selbst erscheinen; er läse hinter einem Vorhange am allerbesten, so daß man von aller Persönlichkeit abstrahierte und nur die Stimme der Musen im allgemeinen zu hören glaubte.

Der Mime dagegen ist gerade in dem entgegengesetzten Fall; er stellt sich als ein bestimmtes Individuum dar, er will, daß man an ihm und seiner nächsten Umgebung ausschließlich teilnehme, daß man die Leiden seiner Seele und seines Körpers mitfühle, seine Verlegenheiten teile und sich selbst über ihn vergesse. Zwar wird auch er stufenweise zu Werke gehen, aber er kann viel lebhaftere Wirkungen wagen, weil bei sinnlicher Gegenwart auch sogar der stärkere Eindruck durch einen schwächern vertilgt werden kann. Der zuschauende Hörer muß von Rechts wegen in einer steten sinnlichen Anstrengung bleiben, er darf sich nicht zum Nachdenken erheben, er muß leidenschaftlich folgen, seine Phantasie ist ganz zum Schweigen gebracht, man darf keine Ansprüche an sie machen, und selbst was erzählt wird, muß gleichsam darstellend vor die Augen gebracht werden.

Über den Gebrauch des Chors in der Tragödie

Ein poetisches Werk muß sich selbst rechtfertigen, und wo die Tat nicht spricht, da wird das Wort nicht viel helfen. Man könnte es also gar wohl dem Chor überlassen, sein eigener Sprecher zu sein, wenn er nur erst selbst auf die gehörige Art zur Darstellung gebracht wäre. Aber das tragische Dichterwerk wird erst durch die theatralische Vorstellung zu einem Ganzen: nur die Worte gibt der Dichter, Musik und Tanz müssen hinzukommen, sie zu beleben. Solange also dem Chor diese sinnlich mächtige Begleitung fehlt, so lange wird er in der Ökonomie des Trauerspiels als ein Außending, als ein fremdartiger Körper und als ein Aufenthalt erscheinen, der nur den Gang der Handlung unterbricht, der die Täuschung stört, der den Zuschauer erkältet. Um dem Chor sein Recht anzutun, muß man sich also von der wirklichen Bühne auf eine *mögliche* versetzen; aber das muß man überall, wo man zu etwas Höherem gelangen will. Was die Kunst noch nicht hat, das soll sie erwerben; der zufällige Mangel an Hilfsmitteln darf die schaffende Einbildungskraft des Dichters nicht beschränken. Das Würdigste setzt er sich zum Ziel, einem Ideale strebt er nach; die ausübende Kunst mag sich nach den Umständen bequemen.

Es ist nicht wahr, was man gewöhnlich behaupten hört, daß das Publikum die Kunst herabzieht; der Künstler zieht das Publikum herab, und zu allen Zeiten, wo die Kunst verfiel, ist sie durch die Künstler gefallen. Das Publikum braucht nichts als Empfänglichkeit, und diese besitzt es. Es tritt vor den Vorhang mit einem unbestimmten Verlangen, mit einem vielseitigen Vermögen. Zu dem Höchsten bringt es eine Fähigkeit mit, es erfreut sich an dem Verständigen und Rechten, und wenn es damit angefangen hat, sich mit dem Schlechten zu begnügen, so wird es zuverlässig damit aufhören, das Vortreffliche zu fordern, wenn man es ihm erst gegeben hat.

Der Dichter, hört man einwenden, hat gut nach einem Ideal

arbeiten, der Kunstrichter hat gut nach Ideen urteilen; die bedingte, beschränkte, ausübende Kunst ruht auf dem Bedürfnis. Der Unternehmer will bestehen, der Schauspieler will sich zeigen, der Zuschauer will unterhalten und in Bewegung gesetzt sein. Das Vergnügen sucht er und ist unzufrieden, wenn man ihm da eine Anstrengung zumutet, wo er ein Spiel und eine Erholung erwartet.

Aber indem man das Theater ernsthafter behandelt, will man das Vergnügen des Zuschauers nicht aufheben, sondern veredeln. Es soll ein Spiel bleiben, aber ein poetisches. Alle Kunst ist der Freude gewidmet, und es gibt keine höhere und keine ernsthaftere Aufgabe, als die Menschen zu beglücken. Die rechte Kunst ist nur diese, welche den höchsten Genuß verschafft. Der höchste Genuß aber ist die Freiheit des Gemüts in dem lebendigen Spiel aller seiner Kräfte.

Jeder Mensch zwar erwartet von den Künsten der Einbildungskraft eine gewisse Befreiung von den Schranken des Wirklichen, er will sich an dem Möglichen ergötzen und seiner Phantasie Raum geben. Der am wenigsten erwartet, will doch sein Geschäft, sein gemeines Leben, sein Individuum vergessen, er will sich in außerordentlichen Lagen fühlen, sich an den seltsamen Kombinationen des Zufalls weiden; er will, wenn er von ernsthafterer Natur ist, die moralische Weltregierung, die er im wirklichen Leben vermißt, auf der Schaubühne finden. Aber er weiß selbst recht gut, daß er nur ein leeres Spiel treibt, daß er im eigentlichen Sinn sich nur an Träumen weidet, und wenn er von dem Schauplatz wieder in die wirkliche Welt zurückkehrt, so umgibt ihn diese wieder mit ihrer ganzen drückenden Enge, er ist ihr Raub wie vorher, denn sie selbst ist geblieben, was sie war, und an ihm ist nichts verändert worden. Dadurch ist also nichts gewonnen als ein gefälliger Wahn des Augenblicks, der beim Erwachen verschwindet.

Und eben darum, weil es hier nur auf eine vorübergehende Täuschung abgesehen ist, so ist auch nur ein Schein der Wahrheit oder die beliebte Wahrscheinlichkeit nötig, die man so gern an die Stelle der Wahrheit setzt.

Die wahre Kunst aber hat es nicht bloß auf ein vorüber-
gehendes Spiel abgesehen; es ist ihr ernst damit, den Menschen nicht bloß in einen augenblicklichen Traum von Freiheit zu versetzen, sondern ihn wirklich und in der Tat frei
zu *machen*, und dieses dadurch, daß sie eine Kraft in ihm
erweckt, übt und ausbildet, die sinnliche Welt, die sonst nur
als ein roher Stoff auf uns lastet, als eine blinde Macht
auf uns drückt, in eine objektive Ferne zu rücken, in ein
freies Werk unsers Geistes zu verwandeln und das Materielle
durch Ideen zu beherrschen.

Und eben darum, weil die wahre Kunst etwas Reelles und
Objektives will, so kann sie sich nicht bloß mit dem Schein der
Wahrheit begnügen; auf der Wahrheit selbst, auf dem festen
und tiefen Grunde der Natur errichtet sie ihr ideales Ge-
bäude.

Wie aber nun die Kunst zugleich ganz ideell und doch im
tiefsten Sinne reell sein – wie sie das Wirkliche ganz verlassen und doch aufs genaueste mit der Natur übereinstimmen soll und kann, das ist's, was wenige fassen, was die Ansicht poetischer und plastischer Werke so schielend macht,
weil beide Forderungen einander im gemeinen Urteil geradezu aufzuheben scheinen.

Auch begegnet es gewöhnlich, daß man das eine mit Aufopferung des andern zu erreichen sucht und eben deswegen
beides verfehlt. Wem die Natur zwar einen treuen Sinn und
eine Innigkeit des Gefühls verliehen, aber die schaffende
Einbildungskraft versagte, der wird ein treuer Maler des
Wirklichen sein, er wird die zufällige Erscheinungen, aber
nie den Geist der Natur ergreifen. Nur den Stoff der Welt
wird er uns wiederbringen; aber es wird eben darum nicht
unser Werk, nicht das freie Produkt unsers bildenden Geistes sein und kann also auch die wohltätige Wirkung der
Kunst, welche in der Freiheit besteht, nicht haben. Ernst
zwar, doch unerfreulich ist die Stimmung, mit der uns ein
solcher Künstler und Dichter entläßt, und wir sehen uns
durch die Kunst selbst, die uns befreien sollte, in die gemeine enge Wirklichkeit peinlich zurückversetzt. Wem hin-

gegen zwar eine rege Phantasie, aber ohne Gemüt und Charakter zuteil geworden, der wird sich um keine Wahrheit bekümmern, sondern mit dem Weltstoff nur spielen, nur durch phantastische und bizarre Kombinationen zu überraschen suchen, und wie sein ganzes Tun nur Schaum und Schein ist, so wird er zwar für den Augenblick unterhalten, aber im Gemüt nichts erbauen und begründen. Sein Spiel ist, so wie der Ernst des andern, kein poetisches. Phantastische Gebilde willkürlich aneinanderreihen heißt nicht ins Ideale gehen, und das Wirkliche nachahmend wiederbringen heißt nicht die Natur darstellen. Beide Forderungen stehen so wenig im Widerspruch miteinander, daß sie vielmehr – eine und dieselbe sind; daß die Kunst nur dadurch wahr ist, daß sie das Wirkliche ganz verläßt und rein ideell wird. Die Natur selbst ist nur eine Idee des Geistes, die nie in die Sinne fällt. Unter der Decke der Erscheinungen liegt sie, aber sie selbst kommt niemals zur Erscheinung. Bloß der Kunst des Ideals ist es verliehen, oder vielmehr, es ist ihr aufgegeben, diesen Geist des Alls zu ergreifen und in einer körperlichen Form zu binden. Auch sie selbst kann ihn zwar nie vor die Sinne, aber doch durch ihre schaffende Gewalt vor die Einbildungskraft bringen und dadurch wahrer sein als alle Wirklichkeit und realer als alle Erfahrung. Es ergibt sich daraus von selbst, daß der Künstler kein einziges Element aus der Wirklichkeit brauchen kann, wie er es findet, daß sein Werk in *allen* seinen Teilen ideell sein muß, wenn es als ein Ganzes Realität haben und mit der Natur übereinstimmen soll.

Was von Poesie und Kunst im ganzen wahr ist, gilt auch von allen Gattungen derselben, und es läßt sich ohne Mühe von dem jetzt Gesagten auf die Tragödie die Anwendung machen. Auch hier hatte man lange und hat noch jetzt mit dem gemeinen Begriff des *Natürlichen* zu kämpfen, welcher alle Poesie und Kunst geradezu aufhebt und vernichtet. Der bildenden Kunst gibt man zwar notdürftig, doch mehr aus konventionellen als aus innern Gründen, eine gewisse Idealität zu; aber von der Poesie und von der dramatischen ins-

besondere verlangt man *Illusion*, die, wenn sie auch wirklich
zu leisten wäre, immer nur ein armseliger Gauklerbetrug
sein würde. Alles Äußere bei einer dramatischen Vorstellung steht diesem Begriff entgegen – alles ist nur ein Symbol des Wirklichen. Der Tag selbst auf dem Theater ist nur
ein künstlicher, die Architektur ist nur eine symbolische,
die metrische Sprache selbst ist ideal; aber die Handlung
soll nun einmal real sein, und der Teil das Ganze zerstören.
So haben die Franzosen, die den Geist der Alten zuerst ganz
mißverstanden, eine Einheit des Orts und der Zeit nach dem
gemeinsten empirischen Sinn auf der Schaubühne eingeführt,
als ob hier ein anderer Ort wäre als der bloß ideale Raum,
und eine andere Zeit als bloß die stetige Folge der Handlung.

Durch Einführung einer metrischen Sprache ist man indes
der poetischen Tragödie schon um einen großen Schritt näher gekommen. Es sind einige lyrische Versuche auf der
Schaubühne glücklich durchgegangen, und die Poesie hat
sich durch ihre eigene lebendige Kraft, im einzelnen, manchen Sieg über das herrschende Vorurteil errungen. Aber mit
den einzelnen ist wenig gewonnen, wenn nicht der Irrtum
im ganzen fällt, und es ist nicht genug, daß man sie nur als
eine poetische Freiheit duldet, was doch das Wesen aller
Poesie ist. Die Einführung des Chors wäre der letzte, der
entscheidende Schritt – und wenn derselbe auch nur dazu
diente, dem Naturalism in der Kunst offen und ehrlich den
Krieg zu erklären, so sollte er uns eine lebendige Mauer sein,
die die Tragödie um sich herumzieht, um sich von der wirklichen Welt rein abzuschließen und sich ihren idealen Boden,
ihre poetische Freiheit zu bewahren.

Die Tragödie der Griechen ist, wie man weiß, aus dem
Chor entsprungen. Aber so wie sie sich historisch und der
Zeitfolge nach daraus loswand, so kann man auch sagen,
daß sie poetisch und dem Geiste nach aus demselben ent-
standen, und daß ohne diesen beharrlichen Zeugen und
Träger der Handlung eine ganz andere Dichtung aus ihr
geworden wäre. Die Abschaffung des Chors und die Zusam-

menziehung dieses sinnlich mächtigen Organs in die charak-
terlose langweilig wiederkehrende Figur eines ärmlichen
Vertrauten war also keine so große Verbesserung der Tragödie, als die Franzosen und ihre Nachbeter sich eingebildet
haben.

Die alte Tragödie, welche sich ursprünglich nur mit Göttern,
Helden und Königen abgab, brauchte den Chor als eine notwendige Begleitung; sie fand ihn in der Natur und brauchte
ihn, weil sie ihn fand. Die Handlungen und Schicksale der
Helden und Könige sind schon an sich selbst öffentlich und
waren es in der einfachen Urzeit noch mehr. Der Chor war
folglich in der alten Tragödie mehr ein natürliches Organ, er
folgte schon aus der poetischen Gestalt des wirklichen Lebens. In der neuen Tragödie wird er zu einem Kunstorgan,
er hilft die Poesie *hervorbringen*. Der neuere Dichter findet
den Chor nicht mehr in der Natur, er muß ihn poetisch erschaffen und einführen, das ist, er muß mit der Fabel, die er
behandelt, eine solche Veränderung vornehmen, wodurch sie
in jene kindliche Zeit und in jene einfache Form des Lebens
zurückversetzt wird.

Der Chor leistet daher dem neuern Tragiker noch weit
wesentlichere Dienste als dem alten Dichter, eben deswegen,
weil er die moderne gemeine Welt in die alte poetische verwandelt, weil er ihm alles das unbrauchbar macht, was der
Poesie widerstrebt, und ihn auf die einfachsten ursprüng-
lichsten und naivsten Motive hinauftreibt. Der Palast der
Könige ist jetzt geschlossen, die Gerichte haben sich von den
Toren der Städte in das Innere der Häuser zurückgezogen,
die Schrift hat das lebendige Wort verdrängt, das Volk
selbst, die sinnlich lebendige Masse, ist, wo sie nicht als
rohe Gewalt wirkt, zum Staat, folglich zu einem abgezoge-
nen Begriff geworden, die Götter sind in die Brust des Menschen zurückgekehrt. Der Dichter muß die Paläste wieder
auftun, er muß die Gerichte unter freien Himmel heraus-
führen, er muß die Götter wieder aufstellen, er muß alles
Unmittelbare, das durch die künstliche Einrichtung des wirklichen Lebens aufgehoben ist, wieder herstellen und alles

künstliche Machwerk *an* dem Menschen und *um* denselben,
das die Erscheinung seiner innern Natur und seines ursprünglichen Charakters hindert, wie der Bildhauer die modernen Gewänder, abwerfen und von allen äußern Umge-
bungen desselben nichts aufnehmen, als was die höchste der
Formen, die menschliche, sichtbar macht.

Aber ebenso, wie der bildende Künstler die faltige Fülle der
Gewänder um seine Figuren breitet, um die Räume seines
Bildes reich und anmutig auszufüllen, um die getrennten
Partien desselben in ruhigen Massen stetig zu verbinden, um
der Farbe, die das Auge reizt und erquickt, einen Spielraum
zu geben, um die menschlichen Formen zugleich geistreich
zu verhüllen und sichtbar zu machen, ebenso durchflicht und
umgibt der tragische Dichter seine streng abgemessene Handlung und die festen Umrisse seiner handelnden Figuren
mit einem lyrischen Prachtgewebe, in welchem sich, als wie
in einem weitgefalteten Purpurgewand, die handelnden Personen frei und edel mit einer gehaltenen Würde und hoher
Ruhe bewegen.

In einer höhern Organisation darf der Stoff oder das Ele-
mentarische nicht mehr sichtbar sein; die chemische Farbe
verschwindet in der feinen Karnation des Lebendigen. Aber
auch der Stoff hat seine Herrlichkeit und kann als solcher
in einem Kunstkörper aufgenommen werden. Dann aber muß
er sich durch Leben und Fülle und durch Harmonie seinen
Platz verdienen und die Formen, die er umgibt, geltend
machen, anstatt sie durch seine Schwere zu erdrücken.

In Werken der bildenden Kunst ist dieses jedem leicht ver-
ständlich, aber auch in der Poesie und in der tragischen, von
der hier die Rede ist, findet dasselbe statt. Alles, was der
Verstand sich im allgemeinen ausspricht, ist ebenso wie das,
was bloß die Sinne reizt, nur Stoff und rohes Element in
einem Dichterwerk und wird da, wo es vorherrscht, unausbleiblich das Poetische zerstören; denn dieses liegt gerade
in dem Indifferenzpunkt des Ideellen und Sinnlichen. Nun
ist aber der Mensch so gebildet, daß er immer von dem Besondern ins Allgemeine gehen will, und die Reflexion muß

also auch in der Tragödie ihren Platz erhalten. Soll sie
aber diesen Platz verdienen, so muß sie das, was ihr an sinn-
lichem Leben fehlt, durch den Vortrag wieder gewinnen;
denn wenn die zwei Elemente der Poesie, das Ideale und
Sinnliche, nicht innig verbunden *zusammen*wirken, so müssen sie *nebeneinander* wirken, oder die Poesie ist aufgehoben. Wenn die Waage nicht vollkommen inne steht, da kann
das Gleichgewicht nur durch eine *Schwankung* der beiden
Schalen hergestellt werden.

Und dieses leistet nun der Chor in der Tragödie. Der Chor
ist selbst kein Individuum, sondern ein allgemeiner Begriff;
aber dieser Begriff repräsentiert sich durch eine sinnlich
mächtige Masse, welche durch ihre ausfüllende Gegenwart
den Sinnen imponiert. Der Chor verläßt den engen Kreis
der Handlung, um sich über Vergangenes und Künftiges,
über ferne Zeiten und Völker, über das Menschliche überhaupt zu verbreiten, um die großen Resultate des Lebens
zu ziehen und die Lehren der Weisheit auszusprechen. Aber
er tut dieses mit der vollen Macht der Phantasie, mit einer
kühnen lyrischen Freiheit, welche auf den hohen Gipfeln
der menschlichen Dinge wie mit Schritten der Götter einher-
geht – und er tut es, von der ganzen sinnlichen Macht des
Rhythmus und der Musik in Tönen und Bewegungen begleitet.

Der Chor *reinigt* also das tragische Gedicht, indem er die
Reflexion von der Handlung absondert und eben durch
diese Absonderung sie selbst mit poetischer Kraft ausrüstet;
ebenso wie der bildende Künstler die gemeine Notdurft der
Bekleidung durch eine reiche Draperie in einen Reiz und in
eine Schönheit verwandelt.

Aber ebenso wie sich der Maler gezwungen sieht, den Far-
benton des Lebendigen zu verstärken, um den mächtigen
Stoffen das Gleichgewicht zu halten, so legt die lyrische
Sprache des Chors dem Dichter auf, verhältnismäßig die
ganze Sprache des Gedichts zu erheben und dadurch die sinnliche Gewalt des Ausdrucks überhaupt zu verstärken. Nur
der Chor berechtigt den tragischen Dichter zu dieser Erhe-

bung des Tons, die das Ohr ausfüllt, die den Geist an-
spannt, die das ganze Gemüt erweitert. Diese eine Riesen-
gestalt in seinem Bilde nötigt ihn, alle seine Figuren auf den
Kothurn zu stellen und seinem Gemälde dadurch die tragische Größe zu geben. Nimmt man den Chor hinweg, so
muß die Sprache der Tragödie im ganzen sinken, oder was
jetzt groß und mächtig ist, wird gezwungen und überspannt
erscheinen. Der alte Chor, in das französische Trauerspiel
eingeführt, würde es in seiner ganzen Dürftigkeit darstellen
und zunichte machen; eben derselbe würde ohne Zweifel
Shakespeares Tragödie erst ihre wahre Bedeutung geben.

So wie der Chor in die Sprache *Leben* bringt, so bringt er
Ruhe in die Handlung – aber die schöne und hohe Ruhe,
die der Charakter eines edeln Kunstwerkes sein muß. Denn
das Gemüt des Zuschauers soll auch in der heftigsten Passion seine Freiheit behalten; es soll kein Raub der Eindrücke
sein, sondern sich immer klar und heiter von den Rührungen scheiden, die es erleidet. Was das gemeine Urteil an dem
Chor zu tadeln pflegt, daß er die Täuschung aufhebe, daß er
die Gewalt der Affekte breche, das gereicht ihm zu seiner höchsten Empfehlung; denn eben diese blinde Gewalt der Affekte
ist es, die der wahre Künstler vermeidet, diese Täuschung ist
es, die er zu erregen verschmäht. Wenn die Schläge, womit die
Tragödie unser Herz trifft, ohne Unterbrechung aufeinan-
derfolgten, so würde das Leiden über die Tätigkeit siegen.
Wir würden uns mit dem Stoffe vermengen und nicht mehr
über demselben schweben. Dadurch, daß der Chor die Teile
auseinanderhält und zwischen die Passionen mit seiner
beruhigenden Betrachtung tritt, gibt er uns unsre Freiheit
zurück, die im Sturm der Affekte verlorengehen würde.
Auch die tragischen Personen selbst bedürfen dieses An-
halts, dieser Ruhe, um sich zu sammeln; denn sie sind keine
wirkliche Wesen, die bloß der Gewalt des Moments gehorchen und bloß ein Individuum darstellen, sondern ideale
Personen und Repräsentanten ihrer Gattung, die das Tiefe
der Menschheit aussprechen. Die Gegenwart des Chors, der
als ein richtender Zeuge sie vernimmt und die ersten Aus-

brüche ihrer Leidenschaft durch seine Dazwischenkunft bändigt, motiviert die Besonnenheit, mit der sie handeln, und die Würde, mit der sie reden. Sie stehen gewissermaßen schon auf einem natürlichen Theater, weil sie vor Zuschauern sprechen und handeln, und werden eben deswegen desto tauglicher, von dem Kunst-Theater zu einem Publikum zu reden.

Soviel über meine Befugnis, den alten Chor auf die tragische Bühne zurück zu führen. Chöre kennt man zwar auch schon in der modernen Tragödie; aber der Chor des griechischen Trauerspiels, so wie ich ihn hier gebraucht habe, der Chor als eine einzige ideale Person, die die ganze Handlung trägt und begleitet, dieser ist von jenen operhaften Chören wesentlich verschieden, und wenn ich bei Gelegenheit der griechischen Tragödie von *Chören* anstatt von einem Chor sprechen höre, so entsteht mir der Verdacht, daß man nicht recht wisse, wovon man rede. Der Chor der alten Tragödie ist meines Wissens seit dem Verfall derselben nie wieder auf der Bühne erschienen.

Ich habe den Chor zwar in zwei Teile getrennt und im Streit mit sich selbst dargestellt; aber dies ist nur dann der Fall, wo er als wirkliche Person und als blinde Menge mithandelt. Als *Chor* und als ideale Person ist er immer eins mit sich selbst. Ich habe den Ort verändert und den Chor mehrmal abgehen lassen; aber auch Aeschylus, der Schöpfer der Tragödie, und Sophokles, der größte Meister in dieser Kunst, haben sich dieser Freiheit bedient.

Eine andere Freiheit, die ich mir erlaubt, möchte schwerer zu rechtfertigen sein. Ich habe die christliche Religion und die griechische Götterlehre vermischt angewendet, ja selbst an den maurischen Aberglauben erinnert. Aber der Schauplatz der Handlung ist Messina, wo diese drei Religionen teils lebendig, teils in Denkmälern fortwirkten und zu den Sinnen sprachen. Und dann halte ich es für ein Recht der Poesie, die verschiedenen Religionen als ein kollektives Ganze für die Einbildungskraft zu behandeln, in welchem alles, was einen eignen Charakter trägt, eine eigne Emp-

findungsweise ausdrückt, seine Stelle findet. Unter der
Hülle aller Religionen liegt die Religion selbst, die Idee eines
Göttlichen, und es muß dem Dichter erlaubt sein, dieses auszusprechen, in welcher Form er jedesmal am bequemsten
und am treffendsten findet.

Tragödie und Komödie

Das Gemüt in Freiheit zu setzen, erzielen beide; die Komödie leistet es aber durch die *moralische Indifferenz*, die Tragödie durch die *Autonomie*.

In der Komödie muß alles von dem moralischen Forum auf das physische gespielt werden, denn das moralische erlaubt keine Indifferenz. Behandelt die Komödie etwas, was unser moralisches Gefühl interessiert, so liegt ihr ob, es zu *neutralisieren*, d. i. es in die Klasse natürlicher Dinge zu versetzen, welche nach der Kausalität notwendig erfolgen.

Undank z. B. ist an sich etwas, was unser moralisches Gefühl affiziert. Undank kann tragisch behandelt werden, so im »Lear« der Undank der Töchter gegen den Vater, und da ist es eine moralische Rührung. Wir werden dadurch moralisch verletzt, das kann und soll uns nicht erspart werden, denn die Tragödie fordert, daß wir *leiden*; durch den Schmerz führt sie uns zur Freiheit.

Undank kann aber auch in der Komödie behandelt werden, aber dann muß er als eine natürliche Sache erscheinen; und wenn wir in der Tragödie mit demjenigen Mitleiden haben, der Undank erleidet, so muß uns die Komödie den lächerlich machen, welcher Dank erwartet.

Man hat den Molière getadelt, daß er in dem »Tartuffe« den Heuchler zum Gegenstand einer Komödie gemacht; ein Charakter, der immer Abscheu errege und folglich für die Heiterkeit des Lustspiels nicht geeignet sei. Wenn Molière wirklich durch Darstellung seines Heuchlers unsre Indignation, unsern Abscheu erregt, so hat er freilich Unrecht, und in diesem Fall hätte ihn der Genius der Komödie verlassen. Auch den Heuchler kann die Komödie behandeln, aber dann muß es so geschehen, daß nicht er abscheulich, sondern *die*, welche er betrügt, lächerlich werden.

Welche von beiden, die Komödie oder die Tragödie, höher stehe, ist öfters gefragt worden. Man müßte untersuchen, welche das Höhere erzielt, aber dann wird man finden, daß beide aus so verschiedenen Punkten ausgehen und nach so verschiedenen Punkten wirken, daß sie sich nicht vergleichen lassen. Im ganzen kann man sagen: die Komödie setzt uns in einen *höhern Zustand*, die Tragödie in eine *höhere Tätigkeit*. Unser Zustand in der Komödie ist ruhig, klar, frei, heiter, wir fühlen uns weder tätig noch leidend, wir schauen an, und alles bleibt außer uns; dies ist der Zustand der Götter, die sich um nichts Menschliches bekümmern, die über allem frei schweben, die kein Schicksal berührt, die kein Gesetz zwingt.

Aber wir sind Menschen, wir stehen unter dem Schicksal, wir sind unter dem Zwang von Gesetzen. Es muß also eine höhere, rüstigere Kraft in uns aufgeweckt und geübt werden, damit wir uns wiederherstellen können, wenn jenes glückliche Gleichgewicht, worin die Komödie uns fand, aufgehoben ist. Dort brauchten wir diese Kraft nicht, weil wir mit nichts zu kämpfen hatten; aber hier müssen wir siegen und bedürfen also der Kraft. Die Tragödie macht uns nicht zu Göttern, weil Götter nicht leiden können; sie macht uns zu Heroen, d. i. zu göttlichen Menschen, oder, wenn man will, zu leidenden Göttern, zu Titanen. Prometheus, der Held einer der schönsten Tragödien, ist gewissermaßen ein Sinnbild der Tragödie selbst.

Benutzte Abkürzungen: *SA*: *Säkular-Ausgabe*; *NA*: *Nationalausgabe*; *Jonas*: *Schillers Briefe*, hrsg. von Fritz Jonas, Stuttgart [1892–96]; *KU*: Kant, *Kritik der Urteilskraft*.

Die Schaubühne als eine moralische Anstalt betrachtet
(*SA* XI, 89–100)

Am 8. Januar 1784 war Schiller in die Kurpfälzische deutsche Gesellschaft aufgenommen worden, und am 26. Juni sprach er bei dieser Mannheimer Gesellschaft über das Thema: *Was kann eine gute stehende Schaubühne eigentlich wirken?* Diesen Vortrag veröffentlichte er im 1. Heft seiner Zeitschrift »Rheinische Thalia« (Lenzmonat 1785, S. 1–27). Als Schiller 1802 seine literarischen und ästhetischen Aufsätze sammelte, überarbeitete er seine Rede, strich die sehr scharfe Einleitung und ließ den Aufsatz im 4. Teil seiner Sammlung *Kleinere prosaische Schriften* unter dem veränderten Titel *Die Schaubühne als eine moralische Anstalt betrachtet* erscheinen.

5,3 *Sulzer*: Johann Georg Sulzer (1720–79), *Allgemeine Theorie der schönen Künste* (Leipzig 1771–74), Artikel »Schauspiel«.

4,34 *Rhadamanthus*: Sohn des Zeus und der Europa, einer der drei Richter der Unterwelt.

5,36 ff. *Cinna*: Gleichnamiges Drama Corneilles, Anspielung auf Szene V,3.

6,4 *Franz von Sickingen*: Schauspiel der damaligen Zeit, dessen Verfasser unbekannt ist.

6,13 *Lear*: Shakespeares *King Lear*, II, 3 und 4.

7,6 ff.: Dieser Abschnitt enthält eine der wenigen Bemerkungen Schillers zur Komödie. Diese optimistische Bewertung der Komödie steht deutlich in der Nachfolge Sulzers (»Comödie«-Artikel) und Lessings (*Hamburgische Dramaturgie*, 29. Stück).

8,4 *Molières Harpagon*: Hauptfigur in Molières Komödie *Der Geizige*.

8,5 *Beverley*: Friedrich Ludwig Schröder, *Beverley oder der englische Spieler*, Lustspiel nach Moore und Saurin, 1776. (Diese Beispiele sind dem 29. Stück von Lessings *Hamburgischer Dramaturgie* entnommen.)

8,23 *Sterbende Sara*: Lessings *Miss Sara Sampson*, V,10.

9,6 *Ariadne*: Joh. Chr. Brandes *Ariadne auf Naxos*, 1774.

9,7 *Hungerturm Ugolinos*: Anspielung auf Gerstenbergs *Ugolino*, 1768.

9,11 ff.: Gemeint ist wohl Thomas Corneilles Drama *Graf von Essex* (1768), das Lessing im 22. und 23. Stück seiner *Dramaturgie* bespricht.

9,27 *Eduard Ruhberg*: Figur in Ifflands Schauspiel *Verbrecher aus Ehrsucht* (1784).

9,31 *Mariane*: Titelheldin des gleichnamigen bürgerlichen Trauerspiels von Friedrich Wilhelm Gotter (1776).

10,36 ff. *Joseph der Zweite*: Gemeint ist der deutsche Kaiser (1741–90), der durch das berühmte Toleranzedikt vom 13. Oktober 1781 Protestanten, nichtunierten Griechen und Juden freie Religionsausübung gestattete.

11,18 *Philanthropinen und Gewächshäusern*: Kritik richtet sich gegen die reformpädagogische Erziehungsanstalt Basedows in Dessau (»Philanthropin«) und gegen die »Militär-Pflanzschule« Karl Eugenscher Prägung auf der Solitude, deren Name hier satirisch verballhornt wurde.

12,10 *Nationalbühne*: Die in der damaligen Zeit lebendige Nationaltheateridee (J. E. Schlegel, Sulzer, Lessing) wird hier aufgegriffen; allerdings wird Lessings Satz: »Wären wir eine Nation, so hätten wir auch ein Theater«, auf den Kopf gestellt.

13,2 *Spleen*: Verschrobenheit, Verrücktheit. Interessant ist, daß dieses Wort, das aus dem Englischen übernommen wurde, nach 1770 ein Modewort war, das u. a. Milzsucht und dadurch verursachte Sonderlingsallüren des Kranken bezeichnete. Dieser Bedeutung steht Schillers Verwendung noch nahe.

Über den Grund des Vergnügens an tragischen Gegenständen
(SA XI, 139–154)

Im Sommer 1790, während Schiller sich mit der *Geschichte des Dreißigjährigen Krieges* und der Vorbereitung seiner Jenaer Geschichtsvorlesungen befassen mußte, beschäftigte er sich auch mit Problemen der Tragödie und ästhetischen Fragen im allgemeinen und hielt über dieses Thema auch eine Vorlesung. Dieses Vorlesungsmanuskript bildete die Grundlage für die beiden Aufsätze

Über den Grund des Vergnügens an tragischen Gegenständen und *Über die tragische Kunst.* Bevor er diese Arbeiten jedoch für eine Drucklegung vollenden konnte, erkrankte er schwer. Während seiner Genesungszeit beschäftigte sich Schiller erstmals intensiv mit der Philosophie Kants, und es vollzog sich die für Schillers Denken und Dichten so wesentliche Wende zu Kant. Dieser Einfluß der Kantischen Ästhetik zeigt sich schon sehr deutlich in der endgültigen Fassung der Aufsätze, deren erster 1792 in der von Schiller herausgegebenen Zeitschrift »Neue Thalia« (Bd. I, Stück 1) erschien.

14,1 *neuere Ästhetiker:* Mit dieser Polemik gegen die Moralisierung der Kunst trifft Schiller nicht nur Diderot und Sulzer, sondern sich selbst (Schaubühnen-Aufsatz).

15,12 *frivol:* Nicht in der heutigen Bedeutung, sondern *alltäglich;* etwas später heißt es in ähnlichem Zusammenhang: »gemeiner Zweck« (15,18).

16,3 ff.: Hier beginnt die deutliche Anlehnung an die Kantische Ästhetik: Die Begriffe »Freiheit« und »Spiel« werden ganz im Sinne Kants auf die Kunst angewendet.

17,8 *Zweckmäßigkeit:* Vgl. Kant, *KU,* Einleitung und Teil I, §§ 10 und 11. Der Begriff findet sich allerdings auch schon in Lessings *Hamburgischer Dramaturgie,* 79. Stück.

18,30 ff.: Diese Definition des Erhabenen schließt sich Kants Theorie des Erhabenen an: *KU* § 28.

19,8 ff.: Bei der Bestimmung der *Rührung* benutzte Schiller Mendelssohns Theorie der »Vermischten Empfindungen« (*Rhapsodie, oder Zusätze zu den Briefen über die Empfindung,* 1761).

19,37 ff.: Vgl. hierzu Lessings *Hamburgische Dramaturgie,* 76. und 79. Stück.

20,26 *Palladium:* göttliches Unterpfand.

21,1 ff.: Sinngemäß aus Kants »Allgemeiner Anmerkung zur Exposition der ästhetischen reflektierenden Urteile« (*KU,* § 29) zitiert.

21,18 *a priori:* Grundterminus der Transzendentalphilosophie: was logisch *vor* aller Erfahrung liegt, von aller Erfahrung unabhängig ist, denknotwendig und allgemein.

21,32 *Hüon und Amanda:* Figuren aus Wielands *Oberon,* XII. Gesang, Strophen 56 f.

22,17 *Koriolan:* Shakespeares *Coriolan,* IV. und V. Akt.

23,2 *Pompejus:* Nach Plutarchs *Leben des Pompejus,* Kap. 50.

23,5 *Aber das Leben eines Verbrechers*: Hier liest man wohl bes-
     ser »*Leiden* eines Verbrechers« (vgl. *NA* XXI, 173).
25,14 f. *Korinthier Timoleon*: Diesen Stoff behandelte Schillers
     Lehrer Abel im *Wirtembergischen Repertorium der Littera-
     tur* (1. Stück, S. 32, 1782).
26,32 *Maschinen*: Bei Schiller beliebtes Bild, wenn er den kausa-
     len Ablauf eines Vorgangs oder den physisch-psychischen
     Determinismus des Menschen als Naturwesen ausdrücken
     will.
27,24 f. *Richard III*: Sowohl Shakespeare als auch Christian Felix
     Weißes.
27,25 *Jago*: Der Intrigant in Shakespeares *Othello*.
27,25 *Lovelace*: Verführer der Clarissa in Samuel Richardsons
     Roman *Clarissa Harlowe* (1748).

Über die tragische Kunst
(*SA* XI, 155–179)

Dieser Aufsatz bildet die direkte Fortsetzung des vorigen und
entwickelt vor allem die Theorie der Tragödie. In den dramentheoretischen Abschnitten spürt man noch deutlich die Einflüsse
von Lessings *Hamburgischer Dramaturgie*, hinzu kommen noch
der Einfluß von Kants Theorie des Erhabenen, vor allem wenn er
von der Freiheit spricht, und von Mendelssohns *Briefe über die
Empfindungen*, die Schiller wohl in der 2. Auflage, Berlin 1771,
gelesen haben dürfte. Der Aufsatz erschien in der »Neuen Thalia«
(Bd. I, Stück 2, 1792).

30,25 *Lukrez*: Römischer Dichter (99–55 v. Chr.). Gemeint ist hier
     die im 18. Jh. oft zitierte Stelle seines Lehrgedichtes *De
     rerum natura* II, 1–4. Die Übersetzung dieser Lukrez-Verse
     nach Karl Ludwig von Knebel lautet:
          »Süß ist's, anderer Not bei tobendem Kampf der Winde
          Auf hochwogigem Meer, vom fernen Ufer zu schauen;
          Nicht als könnte man sich am Unfall andrer ergötzen,
          Sondern dieweil man es sieht, von welcher Bedrängnis
                              man frei ist.«
32,6 *Hasardspiele*: Glücksspiele.
32,29 *im Moralischen keine Wahl*: Das Sittengesetz gebietet nach
     Kant unbedingt, ihm muß gehorcht werden.

33,15 *Lebensphilosophie*: Damit ist in diesem Zusammenhang natürlich Kants Philosophie, vor allem seine Ethik gemeint.

37,33 *In dem Cronegkischen Trauerspiel Olint und Sophronia*: Johann Friedrich von Cronegks (1731–58) Tragödie *Olint und Sophronia*, die von Lessing im ersten Stück der *Hamburgischen Dramaturgie* kritisiert wurde.

38,11 ff.: Diese Kritik an der Verwendung reiner Bösewichter in der Tragödie geht zurück auf Lessing, *Hamburgische Dramaturgie*, 82. und 83. Stück.

38,11 f. *Rodogune*: Titelheldin in einem Drama Corneilles.

38,16 *durch den Zwang der Umstände*: Hier wird erstmals der für Schillers Tragödien so wichtige Tatbestand berührt, daß die Tragik nicht im Charakter liege, sondern in den Umständen, in der dramatischen Konstellation.

38,31 *deutschen Iphigenia*: Goethes *Iphigenie*.

39,14 f. *auf Kosten der Neigung eine moralische Pflicht erfüllen*: Kants ethischer Rigorismus.

42,5 ff.: Hier beginnt Schillers Herleitung seiner berühmten Tragödiendefinition, die sehr stark der Tradition verpflichtet ist.

44,11 *Richterspruch des ersten Brutus*: Der römische Konsul Brutus ließ 509 v. Chr. seine Söhne hinrichten, weil sie an einer Verschwörung gegen den Staat beteiligt waren.

44,11 f. *Selbstmord des Cato*: Cato von Utica beging 46 v. Chr. Selbstmord, da er sich als Republikaner nicht dem Diktator Caesar unterordnen wollte.

44,21 *Aristid*: Athenischer Staatsmann (535–464), der aus Athen ungerechterweise verbannt wurde.

44,23 *Darius*: Perserkönig, der 333 v. Chr. von Alexander geschlagen wurde.

48,4–8: Schillers Tragödiendefinition, die eine freie Umschreibung der Aristotelischen ist; der Lessingschen Übersetzung sehr ähnlich (77. Stück), nennt sie nur das Mitleid, streicht aber das Wort Furcht.

48,15 *Epopöe*: Griechische Bezeichnung für das Epos.

49,19 *Neugier des Oedipus*: Oedipus erfragt sich in dem Sophokleischen Drama selbst die Wahrheit und seinen Untergang.

51,7 *Tod Hermanns*: Klopstocks Arminius-Drama *Hermanns Tod* (1787).

51,7 *eine Minona*: *Minona oder die Angelsachsen* von Gerstenberg (1785).

51,7 *Fust von Stromberg*: Jakob Meiers *Fust von Stromberg,*
     ein National-Schauspiel mit den Sitten und Gebräuchen des
     Jahrhunderts (1782).

Über das Pathetische
(*SA* XI, 246–274)

Dieser Aufsatz bildete den zweiten Teil einer größeren Abhandlung *Vom Erhabenen*, die Schiller im Sommer 1793 für seine Zeitschrift »Neue Thalia« niederschrieb. Als Schiller 1801 daranging,
seine Aufsätze zu sammeln, strich er den ersten Teil der ursprünglichen Abhandlung, da sie ihm wohl zu sehr als eine »Aus-
führung einiger Kantischen Ideen« erschien, vor allem der Kantischen »Analytik des Erhabenen« in der *Kritik der Urteilskraft*.
Der gekürzten Schrift, die sich mehr als die Kantische Ästhetik mit
Darstellungsproblemen befaßte, gab er den Titel *Über das Pathe-*
tische. Diese geraffte Fassung ist immer noch stark Kants Theorie
des Erhabenen verpflichtet, hinzu kommt noch der Einfluß von
Lessings *Laokoon*. Man muß diesen Essay auch im Zusammenhang
sehen mit dem 2. Teil des Aufsatzes *Über Anmut und Würde*, der
zur gleichen Zeit entstand. Er erschien in dieser Form erstmals in
Schillers *Kleineren prosaischen Schriften*, III. Teil, 1801.

55,4 *Darstellung des Übersinnlichen*: Was die Sinne nicht mehr
     erfassen und somit die Sinnlichkeit übersteigt. Gemeint ist
     also keine transzendente Kategorie, sondern der mundus in-
     telligibilis, die Ideen der Vernunft, die sich eigentlich nicht
     darstellen lassen.

55,6 *moralische Independenz von Naturgesetzen*: Die Unabhän-
     gigkeit des menschlichen Geistes von Naturgesetzen, die
     Autonomie des Menschen.

56,7 ff.: Diese Kritik an der klassizistischen Tragödie der Fran-
     zosen (Corneille, Racine und Voltaire) geht auf das erste
     Stück der *Hamburgischen Dramaturgie* zurück und findet
     sich bei Schiller erstmals in der Vorrede der *Räuber*.

56,35 *Niobe*: Tochter des Tantalos, die sich vor den Göttern ih-
     rer Kinder rühmte und von den neidischen Göttern mit dem
     Verlust ihrer Kinder bestraft wurde.

56,36 *Philoktet*: Titelheld einer Tragödie des Sophokles, in der
     die Leiden und die Größe eines Menschen dargestellt wer-
     den.

57,28 *der wütende Herkules*: In der Tragödie des Sophokles *Die Trachinierinnen* werden die Qualen des vergifteten Herkules dargestellt.

57,29 f. *Iphigenia*: Gemeint ist hier die *Iphigenia in Aulis* von Euripides.

57,36 *Der verwundete Mars*: Vgl. Homers *Ilias* V, 859.

58,1 *Venus*: Vgl. Homers *Ilias* V, 343. – Alle diese Beispiele eines außergewöhnlichen Leidens finden sich im Eingangskapitel von Lessings *Laokoon*.

58,30 *schmelzende Affekte*: Ausdruck Kants (*KU* § 29) für eine bloß rührende Wirkung. Der folgende Abschnitt bis hin zum Aperçu ist von Kant übernommen.

60,3 *diejenigen Künstler*: gemeint sind wohl die Dramatiker des »Sturm und Drang« (Gerstenberg, Klinger, Lenz), bei denen das Pathos bloßer Affekt war.

60,16 *Passion*: Bloß sinnliches Empfinden oder Leiden des Menschen und in dieser Bedeutung Gegenbegriff zu Schillers Pathos-Begriff.

65,7 f. *Winckelmann*: *Geschichte der Kunst des Altertums*, Wien 1776.

66,8 *Nüssen*: Nüstern.

66,28 *Virgil*: Gemeint ist die später zitierte Stelle der *Aeneis* II, 203–217.

67,18 f. *Lessings Kommentar*: In seinem *Laokoon*, 5. Abschnitt.

67,27 ff.: Schillers eigene Übersetzung dieser Stelle lautet:

»Da kam (mir bebt die Zung', es auszudrücken)
Von Tenedos ein gräßlich Schlangenpaar,
Den Schweif gerollt in fürchterlichem Bogen,
Dahergeschwommen auf den stillen Wogen.

Die Brüste steigen aus dem Wellenbade,
Hoch aus den Wassern steigt der Kämme blut'ge Glut,
Und nachgeschleift in ungeheurem Rade
Netzt sich der lange Rücken in der Flut;
Lautrauschend schäumt es unter ihrem Pfade,
Im blut'gen Auge flammt des Hungers Wut,
Am Rachen wetzen zischend sich die Zungen:
So kommen sie ans Land gesprungen.«   · (*SA* X, 205)

68,22 *kontemplativerhaben*: Nach Schillers eigener Definition sind dies solche »Gegenstände, welche uns weiter nichts als eine Macht der Natur zeigen, die der unsrigen weit überlegen ist«. Er nennt diese Gegenstände so, »weil sie das

Gemüt nicht so gewaltsam ergreifen, daß es nicht in einem Zustand ruhiger Betrachtung dabei verharren könnte«. (*Vom Erhabenen, SA* XII, 310)

68,23 f.: Schillers Übersetzung:
>»Der bloße Anblick bleicht schon alle Wangen,
Und auseinander flieht die furchtentseelte Schar;
Der pfeilgerade Schuß der Schlangen
Erwählt sich nur den Priester am Altar.«   (*SA* X, 206)

69,30 f. *komparative und prekäre*: vergleichsweise und unsicher.

70,4 ff.: Schillers Übersetzung:
>»Den Knaben zitternd Paar sieht man sie schnell umwinden,
Den ersten Hunger stillt der Söhne Blut;
Der Unglückseligen Gebeine schwinden
Dahin von ihres Bisses Wut.«   (*SA* X, 206)

70,11 f.: Schillers Übersetzung:
>»Zum Beistand schwingt der Vater sein Geschoß;
Doch in dem Augenblick ergreifen
Die Ungeheu'r ihn selbst.«   (*SA* X, 206)

70,32: Dieser Einschnitt ist ein Rest der ursprünglichen Fassung; an dieser Stelle nämlich endete der erste Teil der Abhandlung im III. Teil der »Neuen Thalia«, der Aufsatz wurde fortgesetzt im IV. Teil dieses Heftes. Diese Fortsetzung beschäftigt sich vor allem mit der Abgrenzung der Ästhetik von der Ethik.

71,20 *sagt Seneca*: In *De divina providentia* II, 9.

71,22 *Cannä*: Der römische Senat führte nach der Niederlage bei Cannä (216 v. Chr.) den aussichtslos scheinenden Krieg gegen Karthago fort.

71,22 f. *Miltons Luzifer: Das Verlorene Paradies* I, 250–259.

71,31 *Die Antwort der Medea*: Gemeint ist wohl Corneilles *Medea* I, 5:

> Nerina. Dem Volk bist du verhaßt, dein Gatte meidet
> dich.
> In einem solchen Leid, was bleibt dir treu noch?
> Medea.   Ich!

71,34 u. 35 f. *Koexistenz* und *Sukzession*: In einem uns nicht mehr geläufigen Sinne verwendet; damals jedoch geläufig durch Lessings Unterscheidungen zwischen Poesie und bildender Kunst (*Laokoon*, 16. Abschnitt): Die bildende Kunst stellt Körper in einem prägnanten Moment handelnd dar, im anschaubaren Gegenstand sind Raum und Zeit zugleich gebannt. Dieses Zugleich nennt Lessing die »koexistierende Komposition« der bildenden Kunst. Die Poesie dagegen steht unter dem Gesetz der Sukzession, d. h. der beschreibenden Nachahmung von fortschreitenden Handlungen. Allerdings ist Lessings Anschauung dadurch abgewandelt, daß Schiller nach der Darstellung des Erhabenen in der bildenden Kunst und in der Poesie fragt, also einen spezielleren Aspekt untersucht.

72,18 *Regulus*: Der römische Feldherr wurde ca. 250 v. Chr. auf sein Wort aus der karthagischen Kriegsgefangenschaft entlassen, um in Rom Friedensverhandlungen einzuleiten. In Rom jedoch warnte er vor einem Friedensschluß, kehrte nach Karthago zurück und wurde dort getötet.

74,3 f. *Nezessität*: Notwendigkeit.

75,35 *Peregrinus Proteus*: Griechischer Philosoph und Schwärmer, der durch eine außergewöhnliche Tat Aufsehen erregen wollte und sich 168 n. Chr. bei den olympischen Spielen selbst verbrannte. Vgl. dazu auch Schillers kritisches »Xenion« 315: »Peregrinus Proteus«:

»Siehest du Wieland, so sag ihm: Ich lasse mich schönstens
bedanken,
Aber er tat mir zuviel Ehr' an, ich war doch ein Lump.«
(*SA* II, 127)

78,30 ff.: Die für Schillers Schaffen so wichtige Unterscheidung von geschichtlicher und poetischer Wahrheit wird hier vom Standpunkt der Ästhetik aus schärfer vorgenommen als in seinen früheren Schriften. Die Dichtkunst ist nicht länger die Magd der Nationalstoffe, sondern vor noch die vorgestellte Möglichkeit einer Sache, d. h. die Dichtung bewahrt ihren eigenen ästhetischen Bereich. Der Gedanke, daß die Dichtkunst die Geschichte philosophischer behandele und damit wahrer als die Geschichtswissenschaft sei, stammt schon von Aristoteles und wurde von Lessing aufgegriffen; doch mit solcher Radikalität wurde diese Trennung noch nicht durchgeführt.

79,13 *Nationalgegenstände*: Solche empfahlen Bodmer und Sulzer den Dichtern. Schiller lehnt diese Einschränkung der dichterischen Einbildungskraft jetzt ab.

79,26 *Privatinteresse*: Was im Gegensatz zum Allgemeinen, zum Grundsätzlichen steht; in der Kunst das nur subjektive, stoffliche Interesse.

Über das Erhabene
(*SA* XII, 264–282)

Die genaue Entstehungszeit dieses Essays läßt sich nicht angeben.
Schiller bereitete den Zeitgenossen und der Nachwelt eine Über-
raschung, als er diesen bisher unbekannten und auch brieflich
nicht erwähnten Aufsatz 1801 in seine Sammlung *Kleinere prosaische Schriften*, Teil III aufnahm. Auf Grund dieses Erschei-
nungsdatums und der »reifen Schönheit des Stils« für ein spätes
Entstehungsdatum, möglicherweise gar um 1800 zu plädieren,
scheint sachlich nicht haltbar. Thematisch gehört die Arbeit in den
Umkreis der Schriften *Vom Erhabenen* und *Über das Pathetische*,
also in die Periode seiner Adaption und Auseinandersetzung mit
Kantischen Ideen, ja man kann sich diese Schrift als Schillers ab-
schließende Gedanken zu diesem Thema denken. Bezeichnenderweise
veröffentlichte er diesen Aufsatz in einem Band mit den Aufsät-
zen *Über das Pathetische* und *Über die ästhetische Erziehung . . .*,
womit er doch wohl auf den thematischen Zusammenhang dieser
Schriften hinweisen wollte. Wenn sich im gleichen Band auch die
Briefe *Über die ästhetische Erziehung . . .* finden, so deutet das
noch auf einen anderen Entstehungszusammenhang. In den Briefen an den Augustenburger Prinzen findet sich unter dem 11. November 1793 die Festellung, »daß es das Erhabene sei, was die
Nachteile der schönen Erziehung verbessert, dem verfeinerten
Kunstmenschen Federkraft erteilt« (*Jonas* III, 380). Diese Bemerkungen über die »energische« Schönheit hat Schiller dann bei
der Umarbeitung der Augustenburger Briefe in die Briefe *Über
die ästhetische Erziehung . . .* nicht mehr ausgeführt. Der Aufsatz
Über das Erhabene führt aber gerade diesen Aspekt aus, so daß also
eine enge Beziehung zwischen den Briefen *Über die ästhetische
Erziehung . . .* und diesem Aufsatz besteht. Auf Grund dieser
Überlegungen ließe sich ein terminus post von 1793 angeben, und
es ließe sich vermuten, daß der Aufsatz vor 1796 schon fertig war.

83,1 *Nathan*: Lessings *Nathan der Weise*, I, 3.

83,6 *Prärogativ*: Vorrecht.

84,9 (realistisch) *oder idealistisch*: Diese Begriffe an Stelle von
     physisch und moralisch setzen die Schrift *Über naive und
     sentimentalische Dichtung* voraus.

85,27 *freies Wohlgefallen*: Nach Kants »interesselosem Wohl-
     gefallen«, da es frei ist von sinnlichem Interesse oder Zwek-
     ken.

86,30 *Zwei Genien*: Vgl. das Epigramm »Die Führer des Lebens« (*SA* I, 260 f.), das Schiller am 16. 10. 1795 an Cotta abschickte.

88,2 (Fassungskraft) *Lebenskraft*: Synonyme Terminologie für die Scheidung des Theoretischerhabenen vom Praktischerhabenen.

91,11 *Revelation*: Erkenntnis.

91,14 ff.: Nach Fénélons Roman *Les aventures de Télémaque, fils d'Ulysse*, 7. Buch (1699).

92,14–34: Gedanken, die im Zusammenhang mit dem 25. Brief *Über die ästhetische Erziehung* . . . stehen.

93,26 *Ossian*: Angeblicher altgälischer Barde, dessen Balladenfragmente James Macpherson 1760 unter dem Titel *Fragments of Ancient Poetry* herausgab und die als wahre »Volkspoesie« in ganz Europa berühmt wurden. Schiller hielt diese bedeutende Literaturfälschung noch für echt.

93,29 *Batavien*: Holland, das von 1795–1806 eine »Batavische Republik« war.

95,28 *Cato*: Marcus Porcius Cato (95–46 v. Chr.) und *Aristid* vgl. die Anmerkungen zu Seite 44,12 und 44,21.

95,28 *Phocion*: Berühmter athenischer Feldherr, der 318 v. Chr. ungerechterweise zum Tode verurteilt wurde.

95,29 ff.: Dieser Geschichtspessimismus steht im Widerspruch zu Schillers teleologisch-optimistischer Geschichtsphilosophie. Dies könnte ein Zeichen der Resignation sein, in der Geschichte eine Ordnung oder ein Vernunftgesetz zu finden. Man kann allerdings auch darauf hinweisen, daß es ihm in diesem Kontext weniger auf eine Erklärung der Geschichte als auf die Ausbildung der Widerstandskraft im Menschen angesichts der Unbegreiflichkeit der Geschichte ankam.

97,35 *Inokulation*: Einimpfung, d. h. vorbeugende Vorbereitung auf das Schicksal, damit man es im Ernstfall ertragen kann.

98,22 *Mithridat*: Mithridates II. von Pontus, der sich in Kleinasien ein riesiges Reich eroberte, dann aber in mehreren Kriegen von den Römern besiegt wurde und sich selbst das Leben nahm (63 v. Chr.).

99,1 *ästhetische Erziehung*: Sie ist also ein Ganzes aus Schönheit und Erhabenheit. Das war die notwendige Ergänzung zu den Briefen *Über die ästhetische Erziehung* . . .

Über epische und dramatische Dichtung
(*SA* XII, 321–323)

Im April 1797, als Schiller an seinem *Wallenstein* arbeitete und
Goethe an *Hermann und Dorothea*, kam es zwischen beiden Dichtern zu einem regen Gedankenaustausch über die epische und dramatische Gattung. Die Ergebnisse dieser Diskussion faßte Goethe
in diesem kleinen Aufsatz zusammen und übersandte ihn am
23. Dezember 1797 an Schiller. Zum Verständnis dieser Skizze
sollte der Briefwechsel zwischen Goethe und Schiller vom April
1797 und den letzten Dezembertagen 1797 herangezogen werden.
Aus dem Antwortbrief Schillers vom 26. Dezember 1797 sei hier
noch folgender wichtiger Abschnitt mitgeteilt: »Ich möchte noch
ein weiteres Hilfsmittel zur Anschaulichmachung dieses Unter-
schieds in Vorschlag bringen. Die dramatische Handlung bewegt
sich vor mir, um die epische bewege ich mich selbst, und sie
scheint gleichsam stillezustehn. Nach meinem Bedünken liegt
viel in diesem Unterschied. Bewegt sich die Begebenheit vor mir,
so bin ich streng an die sinnliche Gegenwart gefesselt, meine
Phantasie verliert alle Freiheit, es entsteht und erhält sich eine
fortwährende Unruhe in mir, ich muß immer beim Objekte bleiben, alles Zurücksehen, alles Nachdenken ist mir versagt, weil
ich einer fremden Gewalt folge. Beweg ich mich um die Begebenheit, die mir nicht entlaufen kann, so kann ich einen ungleichen
Schritt halten, ich kann nach meinem subjektiven Bedürfnis mich
länger oder kürzer verweilen, kann Rückschritte machen oder
Vorgriffe tun usf. Es stimmt dies auch sehr gut mit dem Begriff
des *Vergangenseins*, welches als stillestehend gedacht werden kann,
und mit dem Begriff des *Erzählens*; denn der Erzähler weiß
schon am Anfang und in der Mitte das Ende, und ihm ist folglich jeder Moment der Handlung gleichgeltend, und so behält er
durchaus eine ruhige Freiheit.« Diese Skizze wurde von Goethe
1827 unter dem Titel *Über epische und dramatische Dichtung von
Goethe und Schiller* in »Über Kunst und Altertum« Bd. 6, H. 1,
erstmals veröffentlicht.

101,11 *Rhapsoden*: Sänger, der im griechischen Altertum die ho-
        merischen Gesänge vortrug. Darauf hatte vor allem der
        klassische Philologe Friedrich August Wolf (*Prolegomena
        ad Homerum*, 1795) aufmerksam gemacht.

102,27 f. *in ihrer physiologischen und pathologischen Einfalt*: die
        Einfalt der sinnlichen Erscheinung und der seelischen Emp-
        findung.

Über den Gebrauch des Chors in der Tragödie
(*SA* XVI, 118–128)

Dieser Aufsatz erschien 1803 als Vorrede zu Schillers antikisierendem Drama *Die Braut von Messina*. Sie entstand im Frühjahr 1803 und ist eine Apologie für die Verwendung des Chores in einem modernen Drama; darüberhinaus ist diese Abhandlung ein Zeugnis der klassischen Ästhetik Schillers.

104,10 *Ökonomie des Trauerspiels*: Der dramaturgisch geschickte Aufbau, wodurch der Künstler seine dichterische Absicht am besten erreicht.

104,15 *eine mögliche*: Die Kunst ist der Raum der nur vorgestellten Möglichkeit einer Handlung; das sichert ihr die Freiheit gegenüber den Forderungen der Moral und des alltäglichen Lebens.

105,14 f. *die Freiheit des Gemüts in dem lebendigen Spiel aller seiner Kräfte*: Das ist der ästhetische Zustand, von dem vor allem die Briefe *Über die ästhetische Erziehung* . . . handeln.

106,29 ff.: Die beiden Extreme, von denen hier die Rede ist, werden zu dieser Zeit wohl am besten durch die Rührstücke Ifflandscher Prägung und durch Tiecks romantische Dramen repräsentiert.

107,15 ff.: Grundgedanke der Kantischen Erkenntnistheorie.

108,17 *lyrische Versuche*: Lessings *Nathan*, Goethes *Iphigenie*, Schillers eigene Dramen seit dem *Don Carlos*.

109,15 *Poesie hervorbringen*: Das ist das Kunstprinzip sentimentalischer Dichtung.

113,9 f. *Chöre* . . . *in der modernen Tragödie*: Vier *Schauspiele mit Chören* von den Gebrüdern Stolberg waren 1787 erschienen, Kotzebues *Hussiten vor Naumburg, ein vaterländisches Schauspiel mit Chören* 1803.

113,28 ff.: Daß Schiller die Vermischung der Religionen ästhetisch rechtfertigt, mag eine Vorsichtsmaßnahme sein, damit man ihn nicht wieder mißdeute wie 1788, als man die erste Fassung der »Götter Griechenlands« als atheistisch verketzerte.

Tragödie und Komödie
(*SA* XII, 328–330)

Diese Notiz aus dem Nachlaß Schillers verdient vor allem deshalb Beachtung, weil sie einen Hinweis auf die Schillersche Vorstellung der Komödie enthält.

LITERATURHINWEISE

Beißner, Friedrich: Schillers dichterische Gestalt. In: Schiller-Reden im Gedenkjahr 1955. Stuttgart 1955. S. 138–161.

Berghahn, Klaus L.: »Das Pathetisch-erhabene«. Schillers Dramentheorie. In: Schiller. Zur Theorie und Praxis der Dramen. Hrsg. von K. L. B. und Reinhold Grimm. Darmstadt 1972. (Wege der Forschung. 323.) S. 485 bis 522.

– (Hrsg.): Friedrich Schiller. Zur Geschichtlichkeit seines Werkes. Kronberg i. Ts. 1975.

Böckmann, Paul: Die innere Form in Schillers Jugenddramen. (1934.) In: P. B.: Formensprache. Studien zur Literaturästhetik und Dichtungsinterpretation. Hamburg 1966. S. 229–267.

– Formgeschichte der deutschen Dichtung. Hamburg 1949. S. 668 ff.

Borchmeyer, Dieter: Kritik der Aufklärung im Geiste der Aufklärung: Friedrich Schiller. In: Aufklärung und Gegenaufklärung in der europäischen Literatur, Philosophie und Politik von der Antike bis zur Gegenwart. Hrsg. von Jochen Schmidt. Darmstadt 1989. S. 361–376.

– Tragödie und Öffentlichkeit. Schillers Dramaturgie im Zusammenhang seiner ästhetisch-politischen Theorie und die rhetorische Tradition. München 1973.

Dahnke, Hans-Dietrich: Zum Verhältnis von historischer und poetischer Wahrheit in Schillers Konzeptionsbildung und Dramenpraxis. In: Friedrich Schiller. Angebot und Diskurs. Zugänge, Dichtung, Zeitgenossenschaft. Hrsg. von Helmut Brandt. Berlin/Weimar 1987. S. 264–281.

Dehme, Matthias: Die Wirkungsmacht der Tragödie. Historische und ästhetische Aspekte der Dramenentwürfe Schillers. In: Friedrich Schiller. Eine Herausforderung. Jena 1985. S. 67–73.

Graham, Ilse: Schiller, ein Meister der tragischen Form. Die Theorie in der Praxis. Darmstadt 1974.

Hofmann, Michael: Das Erhabene und die nicht mehr schöne Kunst. Aspekte der Modernität von Schillers literarischer Ästhetik. In: Littérature et civilisation au C.A.P.E.S. et à l'agrégation d'allemand. Session 1992. Nancy 1992. S. 59–77.

Humbold, Wilhelm von: Über Schiller und den Gang seiner Geistesentwicklung. »Vorerinnerung« zu dem von Humboldt herausgegebenen Briefwechsel mit Schiller. Stuttgart 1830.

Kagan, M.: Das Erhabene und das Niedrige. In: Kunst und Literatur 13 (1965) S. 122–136.

Kaiser, Gerhard: Vergötterung und Tod. Die thematische Einheit von Schillers Werk. Stuttgart 1967.

Keller, Werner: Das Pathos in Schillers Jugendlyrik. Berlin 1964.

Linder, Jutta: Schillers Dramen. Bauprinzip und Wirkungsstrategie. Bonn 1989.

Petrus, Klaus: Schiller über das Erhabene. In: Zeitschrift für philosophische Forschung 47 (1993) S. 23–40.

Schillers Werke. Nationalausgabe. Hrsg. im Auftrag der Stiftung Weimarer Klassik und des Schiller-Nationalmuseums Marbach von Norbert Dellers [u. a.]. Bd. 21: Philosophische Schriften. Tl. 2. Unter Mitw. von Helmut Koopmann hrsg. von Benno von Wiese. Weimar 1963. S. 139 ff. [Anmerkungen].

Schütze, Thomas: Ästhetisch-personale Bildung. Eine rekonstruktive Interpretation von Schillers zentralen Schriften zur Ästhetik aus bildungstheoretischer Sicht. Weinheim 1993.

Sharpe, Lesley: Schiller's Fragment »Tragödie und Komödie«. In: Modern Language Review 81 (1986) S. 116–122.

– Friedrich Schiller: Drama, Thought and Politics. Cambridge 1991.

Siekmann, Andreas: Drama und sentimentalisches Bewußtsein. Zur klassischen Dramatik Schillers. Frankfurt a. M. 1980.

Spranger, Eduard: Schillers Geistesart, gespiegelt in seinen philosophischen Schriften und Gedichten. Berlin 1941.

Staiger, Emil: Grundbegriffe der Poetik. Zürich ³1956. S. 144–156.

– Friedrich Schiller. Zürich 1967.

Storz, Gerhard: Der Dichter Friedrich Schiller. Stuttgart 1959.

Utz, Peter: Auge, Ohr und Herz. Schillers Dramaturgie der Sinne. In: Jahrbuch der Deutschen Schillergesellschaft 29 (1985) S. 62–97.

Viëtor, Karl: Die Idee des Erhabenen in der deutschen Literatur. In: K. V.: Geist und Form. Aufsätze zur deutschen Literaturgeschichte. Bern 1952. S. 234–266.

Walzel, Oskar: Einleitung. In: Schillers Sämtliche Werke. Säkular-Ausgabe. Hrsg. von Eduard von der Hellen. Bd. 11: Philosophische Schriften. Tl. 1. Mit Einl. und Anm. von O. W. Stuttgart/Berlin 1905.

Wiese, Benno von: Friedrich Schiller. Stuttgart 1959.

NACHWORT

»Das Pathetische ist nur ästhetisch,
insofern es erhaben ist.« (S. 60)

I

Schiller wird viel gelobt und dennoch oft verkannt. Mehr
als jeder andere europäische Klassiker bedarf er der Apologie in Form einer theoretischen Selbstrechtfertigung;
Schiller, der Theoretiker, muß Schiller, dem Praktiker, zu
Hilfe eilen, damit ihm historische Gerechtigkeit widerfährt.
Der scheinbar neuralgische Punkt in seinem Werk ist das
Pathos, Schlüsselbegriff unzähliger Mißverständnisse. Friedrich Beissner berichtet in seiner 1955 gehaltenen Schiller-
Rede sichtlich erbost von Kritikern, die Schillers Werk als
ganzes loben, sein Pathos aber, »Schillers eigenste Gebärde«,
tadeln[1]. Diesen Kritikern mit ihrem »mäkelnden Naturalis-
mus« schleudert er entgegen, was der Kenner seit altersher
dem Banausen vorwirft, sie hätten »kein Stilgefühl für Schiller«[2].
Was pathetische Kunst sei, glaubt jedermann zu kennen.
Will man es aber genauer wissen, was es damit auf sich hat,
so schweigt selbst das sonst so ausführliche »Reallexikon
der deutschen Literaturgeschichte«. Was man landläufig unter Pathos versteht, läßt sich heute wohl nur noch ex nega-
tivo bestimmen: wortreich, phrasenhaft, rhetorisch und leer,
so etwa lautet die Synonymenreihe. Diese Umdeutung eines
für die Ästhetik des 17. und 18. Jahrhunderts so wichtigen
literarischen Begriffs beginnt im 19. Jahrhundert, und einer
der ersten, der diese antipathetische Wende einleitete, war
Georg Büchner. In jenem häufig zitierten Brief an seine
Eltern vom 28. Juli 1835 heißt es: »Was noch die sogenann-
ten Idealdichter anbetrifft, so finde ich, daß sie fast nichts
als Marionetten mit himmelblauen Nasen und affektiertem

---

1. Friedrich Beissner, *Schillers dichterische Gestalt*, in: *Schiller-Reden im Gedenkjahr 1955*, Stuttgart 1955, S. 148.
2. Friedrich Beissner, a. a. O., S. 147.

Pathos, aber nicht Menschen von Fleisch und Blut gegeben haben.«[3]

Die schroffe Abwendung von der pathetischen Großform hängt nicht allein mit dem sich wandelnden Poesiebegriff der Romantik oder mit einer realistischeren Weltsicht zusammen; auch der tagtägliche Mißbrauch des Pathos in den vaterländischen Reden des 19. Jahrhunderts oder der Propaganda des »Dritten Reiches« ist nur ein sehr partieller Aspekt, denn seit wann verderben Propaganda und miserable politische Reden eine dichterische Sprache? Aushöhlung und Entleerung des Pathetischen hängen vielmehr mit der Isolierung des Pathetischen als Redeform zusammen. Was wir heute als pathetisch etikettieren, ist eine Karikatur dessen, was das 18. Jahrhundert unter pathetischer Rede verstand. Pathos ist heute eine Sprachform ohne Sinn, während im 18. Jahrhundert rhetorische Kunstsprache, pathetischer Gestus und erhabene Haltung noch eine unauflösliche Einheit bildeten. Erst die Isolierung dieser literarischen Begriffe führte zu jener angedeuteten Zerstörung des Pathetischen und Rhetorischen, während das Erhabene gänzlich aus dem literarischen Bewußtsein verschwunden ist[4]. Man muß schon zu einem jener Lexika der »Schönen Künste« aus dem 18. Jahrhundert greifen, um über diesen verschollenen Begriff Brauchbares zu erfahren.

Wir können also festhalten, daß das Pathetische und Erhabene als ästhetische Begriffe seit dem Ende der Goethezeit untergegangen sind oder als gewollte oder ungewollte parodistische Sprachform ein kümmerliches Dasein fristen. Wenn sie an dieser Stelle aus literarhistorischem Interesse wieder ins Licht des Bewußtseins gehoben werden, so geschieht das nicht aus einer elegischen Stimmung oder einem restaurativen Interesse – der Staub von 150 Jahren läßt sich nicht

3. Georg Büchner, *Werke und Briefe*, hrsg. v. Fritz Bergemann, Wiesbaden 1953, S. 231.
4. Die Bedeutung der Rhetorik für die zweite Hälfte des 18. Jahrhunderts und für Schiller hat Herman Meyer schon eingehend behandelt: *Schillers philosophische Rhetorik*, in: Festschrift des Euphorion 1959, SCHILLER – zum 10. November 1959, S. 91 ff.

wegpusten und der Gegenstand *ist* altmodisch –, sondern
weil ohne eine klare Vorstellung von der Tragweite dieser
ästhetischen Hauptbegriffe ein genaues Verständnis vieler
Dichtungen des 18. Jahrhunderts und der Dramen Schillers
nahezu unmöglich ist.

II

Das 18. Jahrhundert und die Goethezeit standen noch in
einer Bildungstradition, die in die griechische und römische Antike zurückreichte. Die Rhetoriken und Poetiken des
Aristoteles, Horaz, Cicero, Quintilian und Longinus waren
für Schiller und seine Zeitgenossen noch ernstgenommene
Dichtungslehren und gehörten nicht allein in das Reservat
akademischer Gelehrsamkeit. Was rhetorisch, pathetisch
oder erhaben sei, brauchte man dieser Generation nicht zu
erklären, sie kannten die Theorie und viele dichteten in
dieser Art.
Das Pathos im engeren Sinne gehört natürlich in den Bereich der Wirkungsästhetik der Rhetorik. Aristoteles verlangte vom guten Redner, daß seine Rede pathetisch sei;
die Rede sollte leidenschaftlich sein, auf die Affekte der
Zuhörer zielen und sie erregen, um auf diese Weise eine
Meinungsbeeinflussung in seinem Sinne zu erreichen[5]. In
einem für unser Thema weiteren Bedeutungszusammenhang
erscheint der Begriff durch die Adaption der aristotelischen
Dramendefinition in der französischen Klassik, die Pathos
mit »passion« übersetzte und darunter den dramatischen
Ausdruck der Leidenschaften verstand. Es war Lessing, der
im Gegensatz zu den Franzosen Pathos mit Leiden übersetzte. In diesem Sinne übernahm es Schiller, der in seinem
bekannten Essay von 1793 das Pathetische als den Ausdruck
des leidenden Menschen deutete.

5. Aristoteles, *Rhetorik* 1408a. – Von dieser Bestimmung des Pathos
geht Emil Staiger bei der Bestimmung des pathetischen Stils im Drama
aus (*Grundbegriffe der Poetik*, ³1956, S. 146 ff.). Für Schillers Dramen
ist dieser rhetorische Pathosbegriff – wie wir noch sehen werden – zu
einseitig und daher problematisch.

Der Begriff des Erhabenen wurde von Boileau für die europäische Literatur wiederentdeckt, als er in der literarischen
Fehde »Querelle des anciens et des modernes« auf die Schrift
des Longinus *Über das Erhabene* hinwies und diese 1674
auch übersetzte. Longinus oder, wie wir heute sagen, Pseu-
dolonginus, da der wirkliche Verfasser dieser griechischen
Schrift uns unbekannt ist, verstand unter dem Erhabenen eine
Lehre vom hohen Stil, durch den man hohe Gesinnung und
starke Gefühle zum Ausdruck bringt. Diese Kunst des erhabenen Ausdrucks ist nicht erlernbar, sondern setzt Talent
und Hoheit der Seele voraus; nur die wahrhaft große Seele
vermag auch edel zu reden. Diese große Kunst ist dem Alltäglichen und Nützlichen enthoben und als Form menschlicher Größe bewundernswürdig.

Nicht Gottsched, der durch seine *Critische Dichtkunst* ein
deutscher Boileau werden wollte, sondern seine Kontrahen-
ten Bodmer und Breitinger griffen diese Theorie des Longinus begeistert auf, da sie ihrer Anschauung von Dichtung
sehr entgegenkam[6]. Große Dichtung entspringt auch für sie
nur einer schöpferischen, enthusiastisch gesteigerten Einbildungskraft; diese greift zu erhabenen Gegenständen, die
den Horizont unserer engen Sinnenwelt übersteigen. Im
Wunderbaren der hohen Dichtung erhalten wir eine Ahnung von einer »möglichen Welt«. Diesem Dichtungsideal
entsprach in der Vergangenheit Milton, in der Gegenwart
der junge Klopstock, der schon in seiner Abiturientenrede
(1745) das Erhabene zum Maßstab großer Dichtung machte.
Allerdings schränkte Klopstock das Erhabene auf die epische und lyrische Gattung ein.

In der Kunstlehre des 18. Jahrhunderts entwickelt sich das
Erhabene nun neben dem Schönen zu einem Grundbestand-
teil der Ästhetik. Während Alexander Gottlieb Baumgarten
in seiner *Aesthetica* (1750–58) noch in der philosophischen

6. Die Entwicklung der *Idee des Erhabenen in der deutschen Literatur*
hat Karl Vietor in einem materialreichen Aufsatz umrissen. Jetzt in:
Geist und Form. Aufsätze zur deutschen Literaturgeschichte, Bern 1952,
S. 234–265.

Bestimmung des Schönen die eigentliche Aufgabe der Ästhetik sah, gewinnt die Idee des Erhabenen nach 1750 vor allem unter dem Einfluß englischer Philosophen (Edmund Burke, *A Philosophical Enquiry into the Origin of our Ideas of the Sublime and Beautiful*, 1757) mehr und mehr an Bedeutung. Es war Lessing, der Mendelssohn auf Burkes Schrift aufmerksam machte. Longinus und Burke werden dann auch die Hauptquellen für Mendelssohns Abhandlung *Betrachtungen über das Erhabene und das Naive in den schönen Wissenschaften* (1758). 1764 beschäftigte sich auch Kant erstmals mit diesem Gegenstand: *Beobachtungen über das Gefühl des Schönen und Erhabenen*. Allerdings waren dies mehr empirische Beobachtungen als eine Grundlegung für eine systematische Ästhetik, wie er sie später in seiner *Kritik der Urteilskraft* (1790) vorlegte. Die Ergebnisse dieser Diskussion über das Erhabene faßte Johann Georg Sulzer in einem ausführlichen Lexikonartikel seiner *Allgemeinen Theorie der Schönen Künste* (Leipzig 1771–74, 2. Teil, Stichwort: »Erhaben«) zusammen. Dieses Kompendium der Aufklärungsästhetik lernte Schiller schon in der Karlsschule kennen, und er hat es Zeit seines Lebens benutzt. Hier war für ihn die europäische Tradition zusammengefaßt; und wenn er dem Geist dieses Werkes auch nicht folgte, so verdankte er ihm doch Wissen, Belehrung und Anregungen – die meisten Beispiele seiner ästhetischen Schriften sind Sulzer entnommen.

Dennoch tun wir dem oben grob skizzierten Traditionszusammenhang keine Gewalt an, wenn wir sagen, daß Kants Lehre vom Erhabenen zum Sammelbecken aller antiken, französischen, englischen und deutschen Strömungen wurde und daß Schiller vornehmlich aus diesem Quell seine kritische Belehrung erfuhr. Schiller war kein so origineller Denker, wie man es oft beteuert hört, wenn man sein Werk ablehnt, ihn aber irgendwie noch gelten lassen möchte. Schillers Geschichtsphilosophie, sein Freiheitsidealismus und seine Ästhetik sind Kant in hohem Maße verpflichtet. Wo er einmal versucht, über Kant hinauszugehen, etwa in seiner

Lehre vom Schönen, verschlimmbessert er Kant und wird
terminologisch unklar. Schillers Theorie des Erhabenen ba-
siert also auf Kants Lehre, genauer: auf Kants Lehre vom
dynamisch Erhabenen. Schillers Verdienst ist es allerdings,
daß er Kants Lehre auf die dramatische Kunst überträgt.
In seiner Theorie der Tragödie geht er auch über Lessing
hinaus, der das Erhabene für das Drama abgelehnt hatte,
da es nicht zu seiner Lehre vom »Mittelcharakter« zu passen
schien.

III

Für Schiller wurde das Erhabene zum zentralen Problem
seiner Dramentheorie. Ihm ist das Pathetische als ästhetische Anschauungsform zugeordnet. Beide Begriffe bilden
für Schiller eine notwendige Einheit: Das Pathetische ist
ohne das Erhabene nicht darstellungswürdig, das Erhabene
bedarf der pathetischen Darstellung, um zu erscheinen.
Doch beginnen wir mit dem Einfachen. Was er unter dem
Pathetischen verstanden wissen wollte, hat er uns in dem
Aufsatz *Über das Pathetische* (1793) mitgeteilt. Nachträg-
lich lieferte er hierin die Theorie zum pathetischen Stil seiner Jugenddramen.
Pathos bedeutet für Schiller zunächst einmal Leiden, und
dementsprechend ist jede Situation, die uns einen leidenden
Menschen zeigt, pathetisch. Pathos ist der affektvolle Ausdruck des Leidens, leidbezogene Darstellung. Pathetische
Sprache wäre dann eine von der Alltagssprache grundverschiedene Ausdrucksform, die uns die lebhafteste Vorstellung eines leidenden Menschen vermittelt. Der erste Grundsatz tragischer Kunst ist daher die »Darstellung der leidenden Natur« (S. 58).
Diese Forderung hängt aufs engste mit Schillers Naturvor-
stellung zusammen, denn in der Natur erkennt er keinen
sinnerfüllten organischen Kosmos, sondern sie erscheint ihm
als ein undurchschaubares Chaos, in dem für den Menschen
ein blindes Schicksal waltet. Die »große Haushaltung der

Natur« läßt sich nicht rational begreifen, ihre »kühne Unordnung« nicht in Harmonie auflösen (S. 93): das Kleine
und Unbedeutende gedeiht, und das Große geht unter. Die
Natur ist das ganz Unverständliche und Fremde; ihr ist der
Mensch als Sinnenwesen unterworfen und unterlegen; von
ihr kann er nur Leid erfahren, aber in ihr keine Sinngebung
seines Daseins finden.

»Aber der Mensch hat noch ein Bedürfnis mehr, als zu leben
und sich wohl sein zu lassen, und auch noch eine andere
Bestimmung, als die Erscheinungen um ihn herum zu begreifen« (S. 93). In sich selbst findet der Mensch noch eine
ganz anders geartete, von der Natur unabhängige Kraft,
sein moralisches Selbst. Diese Autonomie des Menschen, sein
Vermögen zum Widerstand, bildet die komplementäre Seite
zum Pathetischen. »Darstellung des Leidens – als bloßen
Leidens – ist niemals Zweck der Kunst« (S. 55). Der Mensch
als Sinnenwesen soll tief und heftig leiden, »Pathos muß da
sein« (S. 55), damit der Mensch als Vernunftwesen seine
Widerstandskraft im Leiden zeigen kann. Pathetische Darstellung zeigt den Menschen in einer Situation, in der uner-
hörtes Leid und überwindende Freiheit gleichermaßen sichtbar werden. Das Pathetische ist also für Schiller nur ein
Mittel, ein höheres Vermögen im Menschen aufleuchten zu
lassen. Der auf der Bühne gezeigte Lebensausschnitt erschöpft sich nicht in Affektszenen – diesen einseitig forcier-
ten Stil hatten die Dramatiker des »Sturm und Drang« zur
Genüge praktiziert – vielmehr geht es um die geistige Bewältigung des Leidens. Erst in der Selbstbehauptung des leidenden Menschen zeigt sich die Größe und Würde des Menschen.
Daher lautet das zweite Fundamentalgesetz tragischer
Kunst: »Darstellung des moralischen Widerstandes gegen
das Leiden« (S. 58).

Dieser Doppelaspekt tragischer Kunst macht uns aufmerksam auf Schillers Weltbild und Lebensauffassung. Das Be-
griffspaar leidende Natur und moralischer Widerstand ist
nur eines unter vielen bei Schiller, mit denen er immer aufs
neue versuchte, die dem Leben zugrunde liegende Spannung

zu formulieren. Natur und Freiheit, Sinnlichkeit und Vernunft, »Sinnenglück und Seelenfrieden« sind andere Begriffe für den gleichen Konflikt, der das menschliche Dasein bestimmt. Immer wieder sieht sich der Mensch in Situationen gestellt, in denen er seine moralische Selbständigkeit gegen die Angriffe der Sinnlichkeit zu behaupten hat. Dieser Kampf um die Selbstbehauptung prägte die Lebenshaltung Schillers, und es ist ein menschlich ergreifendes Schauspiel, wie Schiller trotz widriger Lebensumstände und langer Krankheit an seinem Werk arbeitet, damit er »das Erhaltenswerte aus dem Brande« flüchte, wie er einmal an Goethe schrieb (31. August 1794). In ihm hat die leidgeprüfte Selbständigkeit des Menschen ihre lebendigste Verkörperung gefunden.

Wenn auch durch die Erläuterung des Pathetischen schon andeutungsweise darauf hingewiesen wurde, wie Schiller das Erhabene verstand, so wollen wir uns diesem Begriff doch noch etwas ausführlicher zuwenden, zumal sich Schiller mehrfach mit diesem Schlüsselbegriff der Kantischen Ästhetik auseinandergesetzt hat.

»*Erhaben* nennen wir ein Objekt, bei dessen Vorstellung unsere sinnliche Natur ihre Schranken, unsre vernünftige Natur aber ihre Überlegenheit, ihre Freiheit von Schranken fühlt; gegen das wir also *physisch* den kürzeren ziehen, über welches wir uns aber *moralisch*, d. i. durch Ideen erheben« (*SA* XII, 293). So Schiller in seiner ersten Definition des Erhabenen, die sich noch eng an Kant anschließt. Auf den erhabenen Gegenstand reagieren wir in widersprüchlicher Weise; wir empfinden ein »gemischtes Gefühl«, das sich aus »Wehsein« und »Frohsein« zusammensetzt. Die Tatsache, daß wir auf ein und denselben Gegenstand so unterschiedlich reagieren, beweist die spannungsvolle menschliche Einheit als sinnlich-sittliches Wesen: Als Sinnenwesen schrecken wir angesichts eines Übermächtigen zusammen, als Vernunftwesen aber erfahren wir, daß wir noch unter einem anderen Gesetz als dem der Natur stehen. Unsere paradoxe Freude am Erhabenen ist darin begründet, daß

»wir wollen können, was die Triebe verabscheuen, und verwerfen, was sie begehren« (S. 88). Beim Erhabenen sind wir also nicht primär an dem peinlichen Gefühl unserer menschlichen Begrenztheit interessiert, sondern an der leidimmanenten Erfahrung unseres intelligiblen Seins. Unsere physische Natur ist uns eine alltägliche Erfahrung, von unserer Vernunftnatur vermittelt uns nur die erhabene Gemütsstimmung eine Ahnung. Erhaben ist also jeder Gegenstand oder jede Situation, die dazu beiträgt, uns eine Ahnung von unserer Geistnatur, unserem unabhängigen moralischen Selbst zu vermitteln.

Nach diesen Überlegungen wird Schillers Forderung an die tragische Kunst verständlicher: »Der letzte Zweck der Kunst ist die Darstellung des Übersinnlichen« (S. 55). Der hier verwendete Begriff des Übersinnlichen bezeichnet weder ein Transnaturales im Sinne der Magie, noch ein Transzendentes im Sinne christlicher Gottesvorstellung, sondern die Freiheit des Menschen, die der Sinnlichkeit überlegen ist, da sie nicht den physischen Gesetzen unterworfen ist. Nun ist die Darstellung von Übersinnlichem, z. B. der Idee der Freiheit, seit Kant ein Problem, dem selbst die Philosophie nur durch symbolische Operationen, d. h. nur indirekt beikommt; wie viel schwerer muß dies für den Dichter sein, der doch alles Geistige in Bildern, Metaphern und Situationen versinnlichen muß. Positiv, d. h. als eindeutige Abbildungen, lassen sich Ideen nicht vor die Sinne bringen; indirekt aber läßt sich das übersinnliche Vermögen im Menschen sehr wohl vorstellen; dann nämlich, wenn der Mensch in Situationen gerät, in denen sein Handeln mit seiner bloßen Natur nicht mehr erklärt werden kann. »Jede Erscheinung, deren letzter Grund aus der Sinnenwelt nicht kann abgeleitet werden, ist eine indirekte Darstellung des Übersinnlichen« (S. 62). Wie aber ist es möglich, dramatisch diesen Zweck zu erreichen?

Hier finden wir die Nahtstelle zwischen dem Pathetischen und dem Erhabenen. Pathos als Ausdruck des Affekts erschöpft sich für Schiller niemals in der Schaustellung des

bloßen Leidens – das würde als grell und sinnlos befrem-
den; die unmittelbare Konfrontation mit dem leidenden
Menschen im Drama läßt sich ästhetisch nur rechtfertigen,
wenn im Leiden auch das Vermögen des Widerstandes, die
mögliche Erhebung über das Leid sichtbar werden, denn
nur diese bewirkt in uns eine erhabene Rührung. Oder anders formuliert: Der sinnliche Teil des Menschen ist dem
Leiden unterworfen, nicht der ganze Mensch; im Leiden
wird noch ein anderer Teil des Menschen sichtbar, der dem
Instinkt, dem Affekt und der Naturkausalität nicht unterworfen ist. In dieser Disharmonie zwischen dem sinnlichen
Teil des Menschen und seinem geistigen Teil machen wir
indirekt die Erfahrung eines übersinnlichen Prinzips in uns.
»Je entscheidender und gewaltsamer nun der Affekt in dem
Gebiet der Tierheit sich äußert, ohne doch im Gebiet der
Menschheit dieselbe Macht behaupten zu können, desto mehr
wird diese letztere kenntlich, desto glorreicher offenbart
sich die moralische Selbständigkeit des Menschen, desto
pathetischer ist die Darstellung und desto erhabener das
Pathos« (S. 64). Die pathetische Extremsituation versetzt
uns in eine erhabene Gemütsstimmung, da wir mit dem
Helden leiden und gleichzeitig ergötzt werden durch die
Entdeckung der selbständigen Kraft im Menschen.
Das Pathos dient der indirekten Darstellung des Übersinnlichen, nur in dieser Funktionalität ist es überhaupt dramatisch zulässig. »Bei allem Pathos muß also der Sinn durch
Leiden, der Geist durch Freiheit interessiert sein« (S. 70).
Das Pathetische als Ausdruck des leidenden Menschen muß
auf das Erhabene als den Ausdruck des moralischen Selbst
verweisen, damit es ästhetisch wirkt.

IV

Bei einer solchen Zielsetzung für die tragische Kunst drängt
sich die Frage auf, ob die Kunst hier nicht in das Schlepp-
tau der Moral gerät, wenn ihr letzter Zweck die Darstellung des moralischen Selbst sein soll. Werden nicht zwei

grundverschiedene Lebensbereiche, die Kant säuberlich von-einander geschieden hatte, vermengt, wie es die längst über-wundene Popularphilosophie der Aufklärung getan. Ist die Schaubühne nur eine »moralische Anstalt« oder besitzt sie eine ästhetische Eigengesetzlichkeit, die nicht zuläßt, daß man sie für lebenspraktische Aufgaben abrichtet?

Schillers Schaubühnenaufsatz, mit dem diese Textsammlung beginnt, steht noch ganz in der Nachfolge der Aufklärung. Schiller verspricht sich vom Theater noch eine unmittelbare Einwirkung auf die Moral der Zeitgenossen. Der Drama-tiker repräsentiert das Gewissen des Volkes, denn die Ge-richtsbarkeit der Bühne beginnt gerade dort, wo das welt-liche Gesetz endet. Das Theater als Tribunal, als Gewis-sensinstanz der Nation, wird selbstbewußt dem Gesetz und der Religion an die Seite gestellt; mehr noch: durch die sinnliche Gegenwart von Laster und Tugend, durch die un-mittelbare Erfahrung der Gewissensstimme im Menschen wirkt das Theater nachhaltiger auf den Zuschauer als Moral und Gesetz. Schiller hofft, »die Bildung des Verstandes und des Herzens mit der edelsten Unterhaltung« zu verbinden (S. 3). Diese Position ist nicht weiter erstaunlich bei einem Dramatiker, der durch seine pietistische Erziehung und durch sein antithetisches Lebensgefühl schon früh auf das Moralische als das eigentümlich Menschliche aufmerksam wurde und der in seinen frühen Dramen die Gewissens-stimme als die innere Erfahrung einer höheren Ordnung darstellte. Dennoch ist Schillers Dramenpraxis schon im Ju-genddrama weit entfernt von der aufklärerischen Besse-rungsdramatik; sein Pathos, so deutlich es die Einflüsse des »Sturm und Drang« verrät, setzt ein Weltbild und eine Dramentheorie voraus, die ihm erst in der Auseinander-setzung mit Kant bewußt und formulierbar werden.

Das Studium der Kantischen Ästhetik öffnet Schiller dann die Augen für die Bedeutung der Kunst und die Autonomie des Kunstwerks. Kunst und Moral sind für ihn jetzt zwei völlig verschiedene Seinsbezirke, die zwei verschiedenen Vermögen des Menschen unterworfen sind: in der Moral gebietet die Vernunft, in der Kunst herrscht die Einbildungskraft. Es mag sein, daß der Mensch durch ein Kunstwerk moralisch beeinflußt wird, doch trägt diese moralische Zweckmäßigkeit nichts zur Schönheit oder Vollkommenheit eines Kunstwerks bei. Die dem Menschen mögliche verschiedenartige Betrachtungsweise wird am deutlichsten, wenn Moral und Ästhetik bei der Beurteilung desselben Geschehens nicht übereinstimmen, denn »der nämliche Gegenstand kann uns in der moralischen Schätzung mißfallen und in der ästhetischen sehr anziehend für uns sein« (S. 73). Als sprechendes Beispiel für diese verschiedenen Beurteilungsweisen wählt Schiller die Selbstverbrennung des Peregrinus Proteus (S. 75. Siehe auch die Anmerkung zu dieser Stelle). Moralisch muß man die Tat verurteilen, da sie die Pflicht zur Selbsterhaltung verletzt; ästhetisch aber gefällt sie, da sie ein Vermögen des Willens beweist, sich über den mächtigen Trieb der Selbsterhaltung hinwegzusetzen. Bei der ästhetischen Beurteilung der Tat ist es gleichgültig, ob sie aus reiner Gesinnung oder aus einem Privatinteresse, z. B. Eitelkeit, geschah. In der Moral muß nach Kant darauf geachtet werden, daß etwas nur aus Pflicht und nicht aus irgendwelchen Antrieben oder Bedürfnissen, die immer sinnlich sind, ausgeführt wird. In der Ästhetik braucht man diese komplizierte Unterscheidung nicht zu treffen, da wir nur am Vermögen des Geistes interessiert sind, sich von der Sinnlichkeit nicht bestimmen zu lassen. Schon die bloße Vorstellung, »absolut zu wollen«, schon die »bloße Möglichkeit, uns vom Zwang der Natur loszusagen«, ergötzt uns und schmeichelt unserem Freiheitsbedürfnis. Die Moral gebietet dem Menschen, sich dem Vernunftgesetz bedingungslos zu unterwerfen, die Kunst aber macht uns bekannt mit unserem moralischen Vermögen, ohne sogleich zu fordern, daß wir auch gehorchen. Bei der moralischen Gesetzgebung fühlen wir dauernd den Zwang, spüren, wie eingeschränkt wir sind; bei der Einbildungskraft fühlen wir uns befreit und erweitert, da wir in uns das unendliche Vermögen der Freiheit spüren. Ob ein Mensch wirklich moralisch, d. h. aus

Pflicht, handelt, können wir niemals entscheiden, da wir
nur die Tat, nicht aber die Antriebe, die in des Menschen
Brust verborgen liegen, beurteilen können. Die Einbildungskraft der Dichter aber kann uns denkbare Situationen
erstellen, die uns die Möglichkeit zur Sittlichkeit zeigen;
wir können uns vorstellen, was wir in der Wirklichkeit nie
erfahren würden, und dieses ästhetische Vermögen erfreut
uns. Nicht, daß etwas wirklich geschehen ist, macht den Reiz
der Kunst aus, sondern daß es geschehen könnte, daß es
denkmöglich ist. Nur die vorgestellte, denkbare Konstellation, die innere Möglichkeit eines Geschehens, interessiert
die Ästhetik. »Die ästhetische Kraft, womit uns das Erhabene der Gesinnung und Handlung ergreift, beruht also
keineswegs auf dem Interesse der Vernunft, daß recht gehandelt *werde*, sondern auf dem Interesse der Einbildungskraft, daß recht handeln *möglich sei*« (S. 80).
Wie sehr wir bei ästhetischen Urteilen an dem Vermögen
der Freiheit und nicht etwa an der Moral interessiert sind,
zeigt sich an unserer Anteilnahme für den großen Verbrecher, sobald dieser Glück und Leben aufs Spiel setzt, um
sein unmoralisches Ziel zu erreichen. Jede Tat, die uns den
Menschen als Vernunftwesen zeigt, das wollen kann, was
dem Trieb widerstreitet, ist erhaben. Medeas Rache ist moralisch verwerflich, sieht man in ihr aber auch die zärtliche
Mutter, so erhält ihre Tat erhabene Züge. Wo immer der
Dichter auf eine Konstellation trifft, die das übersinnliche
Vermögen im Menschen sichtbar werden läßt, hat er einen
ästhetisch erhabenen Stoff gefunden. Wenn in dieser Weise
selbst der Verbrecher ästhetisch interessant sein kann, ist es
eine offenbare Verwirrung der Grenzen zwischen Moral und
Kunst, »wenn man moralische Zweckmäßigkeit in ästhetischen Dingen fordert« (S. 82).

V

Das »Vergnügen an tragischen Gegenständen« beruht letzt-
lich darauf, daß eine Bewältigung des Leidens möglich sei.

Das Pathetische als Ausdruck der leidenden Natur weist auf das Erhabene als das Vermögen der Freiheit. Der Konflikt zwischen dem Naturzwang und der Freiheit, zwischen Sinnlichkeit und Sittlichkeit wird der eigentliche Gegenstand der Tragödien Schillers. Der erhabene Gegenstand der Tragödie bereitet Schmerz und Vergnügen: Schmerz, da wir leiden, Vergnügen, da wir eine übersinnliche Kraft in uns spüren.

Wie aber kann die Tragödie uns vergnügen, wenn das Leiden des Menschen bis zum Äußersten getrieben wird? Schwindet nicht mit dem tragischen Untergang des Helden aller Vernunftoptimismus? Ist nicht mit dem Tod auch die Grenze der Freiheit erreicht? Diesem ästhetischen wie menschlichen Problem, das leitmotivisch in Schillers Werk wiederkehrt, hat er sich vor allem in seiner letzten dramentheoretischen Schrift zugewandt: *Über das Erhabene*.

Wiederum geht er davon aus, daß sich der Mensch in einem »unglücklichen Widerspruch zwischen dem Trieb und dem Vermögen« befinde (S. 83). Das charakteristische Kennzeichen des Menschen aber ist seine Willenskraft: »Der Wille ist der Geschlechtscharakter des Menschen« (S. 83). Diese Wesensbestimmung des Menschen wird fortwährend in Frage gestellt durch seine sinnlichen Bedürfnisse und die Tatsache des Todes, denn das ist der einzige Fall, wo der Mensch *»nur muß und nicht will«* (S. 83), wo seine Freiheit von der physischen Hinfälligkeit total bedroht wird[7]. Gegen diese physische Bedrohung seiner Freiheit, die der Mensch gegen seinen Willen erleidet, gibt es nach Schillers Auffassung nur ein Mittel: Die Natur hinter sich zu lassen und diese Gewalt, der man nicht entfliehen kann, *»dem Be-*

---

7. Schon in den *Philosophischen Briefen* (1783–86) heißt es: »– unglückseliger Widerspruch der Natur – dieser frei emporstrebende Geist ist in das starre unwandelbare Uhrwerk eines sterblichen Körpers geflochten« (*NA* XX, 112). Mit dieser das Werk Schillers bestimmenden Antinomie hat sich zuletzt Gerhard Kaiser beschäftigt: *Vergötterung und Tod. Die thematische Einheit von Schillers Werk*, Stuttgart 1967 (= Dichtung und Erkenntnis 3).

griff nach zu vernichten«, d. h. »sich derselben freiwillig unterwerfen« (S. 84)[8].

Man fragt sich, ob das nicht eine recht gewaltsame und philosophisch bedenkliche Verteidigung des Selbstmords ist, verzweifelter Versuch eines Idealisten, dem Tod, den er nicht erleiden, sondern zu seinem Willensakt machen will, noch einen Sinn zu geben. Doch liegen auch hier die Dinge komplizierter, denn diese Gedanken gehören nicht in das Fach der Ethik, sondern der Ästhetik, und alle diese grundlegenden Erörterungen zum Schicksal des Menschen gelten nur der Frage, welche Bedeutung die Tragödie für den Menschen habe, und wie die Tragödie den »idealischen Schwung des Gemüts« kultivieren könne. Es handelt sich bei dieser Schrift um keine komplizierte Apologie des Selbstmordes oder um eine Theorie zur »Besiegung des Todes«[9], sondern um die Möglichkeit einer Erziehung des Menschen zur Freiheit. Der ganze Aufwand der Tragödie soll uns nicht vorbereiten, würdig zu sterben, sondern würdig zu leben.

In den Briefen *Über die ästhetische Erziehung des Menschen* hatte sich Schiller vor allem mit dem Begriff der Schönheit beschäftigt. Inwieweit trägt ein kultivierter Geschmack, ein für das Schöne entwickelter Sinn dazu bei, den rohen Naturzustand zu verfeinern. Schiller ist optimistisch genug, von der Kunst diese ästhetische Erziehung zu erwarten. Da im schönen Gegenstand jedoch Sinnlichkeit und Vernunft harmonieren, würden wir durch ihn »ewig nie

8. Der Schlußakt der *Maria Stuart* dürfte wohl das bekannteste Beispiel in Schillers Werk sein, wie ein Mensch den ihm verhängten Tod aus Einsicht, d. h. frei, annimmt, ihn zu einer selbstgewollten Handlung macht.

9. Benno von Wiese, *Friedrich Schiller*, Stuttgart 1959, S. 680. »Die höchste menschliche Aufgabe« liegt nicht in der »Besiegung des Todes«, denn das ist unmöglich, sondern in der Erziehung des Menschen zu einem freien Wesen, was sehr wohl erreichbar ist. Schiller will dem Tod nicht in christlichem Sinn seinen Stachel nehmen, sondern im Diesseits unsere übersinnliche Anlage, die Vernunft, durch erhabene Gegenstände stärken.

erfahren, daß wir bestimmt und fähig sind, uns als reine Intelligenzen zu beweisen« (S. 89). Diesen Mangel der schönen Erziehung gleicht die erhabene aus. Durch das Erlebnis des Erhabenen erkennen wir nämlich, daß Vernunft und Sinnlichkeit nicht zusammenstimmen, daß der Mensch als Vernunftwesen sich nicht notwendig nach den Bedürfnissen der Sinne richtet. Wir fühlen uns frei, »weil der Geist hier handelt, als ob er unter keinen andern als seinen eigenen Gesetzen stünde« (S. 87). Das Schöne hält uns in der Sinnenwelt gefangen, das Erhabene erhebt uns über diese, verschafft uns die Vorstellung einer höheren Welt, an der wir partizipieren. »Das Schöne macht sich bloß verdient um den *Menschen*, das Erhabene um den *reinen Dämon* in ihm« (S. 98).

Beide Gefühle entwickeln sich ungleich im Menschen; während wir schon früh einen Sinn für das Schöne spüren, schaudern wir vor dem Erhabenen noch zurück. Hier liegt die Aufgabe der Kunst, die Empfindungsfähigkeit für das Erhabene zu entwickeln, und zwar durch die tragische Kunst.

Die Entelechie der Natur und der Geschichte läßt sich mit der »dürftigen Fackel des *Verstandes*« (S. 94) nicht erhellen. Es läßt sich nicht einsehen, warum der Mensch leiden muß. Die »ewige Untreue alles Sinnlichen« (S. 98) widerlegt alle Versuche, Wohlergehen und Moralität zu verbinden. Der Mensch als Sinnenwesen findet in der Natur keine Ruhe, nichts Dauerndes; daher sucht sein Gemüt Halt jenseits der unbegreiflichen Natur und ihrer Zufälle. »Aber das wahre Unglück wählt seinen Mann und seine Zeit nicht immer gut; es überrascht uns oft wehrlos, und was noch schlimmer ist, es *macht* uns oft *wehrlos*« (S. 97). Das wirkliche Leiden beraubt uns der Freiheit und jeglicher Widerstandskraft. Der Mensch muß daher frühzeitig lernen, »zu ertragen, was er nicht ändern kann, und preiszugeben mit Würde, was er nicht retten kann« (S. 97). Ihn mit menschlichem Schicksal vertraut zu machen, seine Widerstandskraft zur Haltung auszubilden, dazu tragen die »erhabenen Rührungen« bei, mit denen uns die Tragödie unterhält.

Der leidende Mensch, dem wir auf der Bühne begegnen, ist nur eine Fiktion des Dichters, eine Illusion, und das Unglück, das ihn trifft, ist nur ein künstliches, Schein nicht Wirklichkeit. »Das Pathetische ist ein künstliches Unglück« (S. 97). Es findet uns im Unterschied zum wirklichen Unglück vorbereitet. Das Leiden ist zwar unmittelbar gegenwärtig, als ob es wirklich wäre, aber wir sind ihm nicht unterworfen, »weil es bloß eingebildet ist« (S. 97). Nur unter diesen Bedingungen des theatralischen Scheins kann in uns das Gefühl unserer Selbständigkeit geweckt werden. Je öfter das, was uns in Wirklichkeit jederzeit zustoßen kann, ästhetisch antizipiert wird, um so mehr verstärkt sich unser moralisches Gefühl, um so größer wird unser Vorsprung vor dem sinnlichen Trieb. Der Mensch muß mit dem Erhabenen in der Form künstlichen Unglücks der Tragödie möglichst oft konfrontiert werden, damit ihm die mögliche Erhebung über das Sinnliche bewußt wird und er sich seines Vermögens zur Geistigkeit versichert. Daher kann Schiller sagen: »Das Pathetische [...] ist eine Inokulation des unvermeidlichen Schicksals, wodurch es seiner Bösartigkeit beraubt und der Angriff desselben auf die starke Seite des Menschen hingeleitet wird« (S. 97).

Das klingt sehr nach praktischer Lebenshilfe, und zweifellos schwingt solches bei Schiller mit und belebt die Theorie. Man sollte diesen Aspekt jedoch nicht zu sehr betonen, da Schiller sich an anderer Stelle recht skeptisch äußert und sogar bezweifelt, ob man »bei ernstlich eintretender Gefahr seine moralische Freiheit« behaupten könne, ja ob man »seine Seelenstärke wirklich in sich fühle« (*SA* XII, 318). Der Aspekt der Lebenshilfe mag noch ein Einsprengsel jenes aufklärerischen »Prodesse« sein, Schillers Hauptinteresse galt jedoch jenem ästhetischen Aspekt der Tragödie als prägnantestem Ausdruck des Erhabenen, wodurch wir an unser Vermögen zur Freiheit, an unsere menschliche Bestimmung erinnert werden sollen.

VI

Jede voll ausgebildete Dramentheorie umfaßt eine philosophische Grundlegung und gattungspoetische Forderungen,
auf der einen Seite werden die weltanschaulichen und ästhetischen Voraussetzungen des Dramas untersucht, auf der
anderen die praktischen Folgerungen gezogen. Das war bei
Aristoteles nicht anders als bei Schiller oder Brecht.
Schillers dualistisches Weltbild und seine darin gründende
Lehre vom Pathetischen und Erhabenen bilden den philosophischen Hintergrund für seine sehr konkreten Aussagen
über die Form der Tragödie. Wir tun gut daran, von Schillers Definition der Tragödie auszugehen: Die Tragödie ist
die »dichterische Nachahmung einer zusammenhängenden
Reihe von Begebenheiten (einer vollständigen Handlung),
welche uns Menschen in einem Zustand des Leidens zeigt
und zur Absicht hat, unser Mitleid zu erregen« (S. 48).
Tragweite und Tiefe dieser Definition von 1792, die schon
die Form seiner klassischen Dramen ahnen läßt, erfaßt man
am besten, indem man die Elemente dieser Definition ein-
zeln erläutert, wie übrigens Schiller selbst verfährt.
Der Nachahmungsbegriff der Tragödie ist von besonderer
Art und unterscheidet sich deutlich von dem der Epik oder
Lyrik. Für Goethe, der sich in der gattungspoetischen Theorie deutlich an Schiller anlehnte, beruht der Unterschied
zwischen einem Epiker und einem Dramatiker darin, »daß
der Epiker die Begebenheit als *vollkommen vergangen* vorträgt, und der Dramatiker sie als *vollkommen gegenwärtig*
darstellt« (S. 101). Die Tragödie konfrontiert uns unmittelbar mit dem Schicksal des handelnden Menschen, und in
dieser Direktheit ist sie der Erzählkunst überlegen, da sie
der Einmischung eines vermittelnden Erzählers nicht bedarf.
Das Leiden, dessen Augenzeuge wir sind, wirkt stärker auf
uns als ein Bericht oder eine Beschreibung eines leidenden
Menschen. Nur auf dieses unmittelbar gegenwärtige Leiden
reagieren wir affektiv, d. h. mitleidig. Je lebhafter die
Vorstellung eines fremden Leidens ist, »desto mehr

wird das Gemüt zur Tätigkeit eingeladen, desto mehr wird seine Sinnlichkeit gereizt, desto mehr also auch sein sittliches Vermögen zum Widerstand aufgefordert« (S. 42).

Von der Lyrik unterscheidet sich die Tragödie vor allem dadurch, daß sie eine »vollständige Handlung« nachahmt. Zum dynamischen Prinzip der Tragödie gehört notwendig, daß etwas geschieht. Die Vorstellung von Zuständen des Gemüts, seien es Empfindungen oder Affekte, genügt im Drama nicht, wir wollen die Motivationen erkennen und wie die Gefühle im Geschehen wirksam werden; nur auf diese Weise kann eine »zusammenhängende Reihe von Begebenheiten« entstehen. Auch ein episodisches Ereignis genügt daher als handlungsmäßige Basis für ein Drama nicht; mehrere Ereignisse und Begebenheiten müssen ineinander verschlungen sein, kausal als Ursache und Wirkung erkennbar werden, damit wir von einer vollständigen dramatischen Handlung sprechen können. Lessing, dem Schiller gerade in diesem Punkt viel verdankt, gebrauchte dafür den Begriff der »inneren Wahrscheinlichkeit«. Nur durch die zweckmäßige Anordnung und Motivierung der Begebenheiten gewinnt die tragische Handlung Wahrheit, d. h. innere Übereinstimmung eines vorgestellten Charakters in einer Situation »mit der Natur unserer Seele«. »Wenn wir es nicht fühlen, daß wir selbst bei gleichen Umständen ebenso würden gelitten und ebenso gehandelt haben, so wird unser Mitleid nie erwachen« (S. 49). Es ist dramatisch ungeschickt, wenn der Dichter zu gute oder zu schlechte Menschen auf die Bühne stellt, denn das Leiden Schuldloser wie die Taten von Verbrechern erregen nur unseren Abscheu, nicht aber Mitleid. Menschen, die uns ähnlich sind, weder Engel noch Teufel, werden wie in Lessings Dramaturgie als Helden gefordert, denn nur auf der Wahrnehmung einer Ähnlichkeit zwischen dem leidenden Helden und uns beruht die Möglichkeit zum Mitleiden.

Im Gegensatz zu Shakespeare und Goethe ist Schiller be-

strebt, die Tragik nicht im Charakter, sondern im »Zwang
der Umstände« zu begründen. Wenn dem Helden das
Schicksal als etwas Äußeres und Unbegreifliches widerfährt,
zu dem er durch sein Handeln beitrug, das aber seinem
Willen nicht mehr unterworfen ist, und dem er dennoch
zu widerstehen versucht, dann erst wird sein Schicksal erhaben und wir leiden lebhaft mit ihm. Dieses Konzept des
Tragischen wurde dramatische Wirklichkeit in der *Wallenstein*-Trilogie.

Die Tragödie ist drittens die *poetische* Nachahmung einer
Handlung. Die Bedeutung dieses Satzes läßt sich am besten
erläutern an der poetischen Behandlung eines historischen
Stoffes. Lessing hatte den Dichtern im Unterschied zur
kleinlichen Frühaufklärung mancherlei Freiheiten bei der
Bearbeitung eines historischen Stoffes eingeräumt: In der
Anordnung und Motivierung der historischen Fakten sei
der Dramatiker frei; er könne so verfahren, wie es für die
Absicht seiner Dichtung am zweckmäßigsten sei, denn im
Ganzen gibt die Dichtung eine philosophischere Deutung
der Geschichte als die Geschichtsschreibung. Nur mit den
großen historischen Persönlichkeiten sollte der Dramatiker
nicht zu willkürlich verfahren oder gar die Fakten total verderben.

Diese Befreiung der Dichtung vom historischen Nachah-
mungszwang hat Schiller noch grundsätzlicher und pointier-
ter formuliert. Der Dramatiker kann niemals vor »das Tribunal der Geschichte« gezogen werden. Er borgt zwar von
der Geschichte seine Stoffe, aber die historische Gelehrsamkeit kann ihm niemals die Auslegung dieser Stoffe vorschreiben, denn Dichtung und Geschichtswissenschaft verfolgen zwei ganz verschiedene Zwecke: diese dient der historischen Wahrheit, jene der poetischen, d. h. eine Handlung
wird wegen ihrer menschlichen Bedeutsamkeit dargestellt;
dort wollen wir unterrichtet und belehrt, hier erschüttert
werden. In der dramatischen Dichtkunst hat sich die historische Wahrheit den Gesetzen dieser Gattung unterzuord-

nen, damit sie ihre Zwecke erreicht[10]. Die Faszination des Geschichtsdramas sah Schiller weniger darin, daß etwas Großes tatsächlich geschehen ist, sondern daß es geschehen konnte, daß im Menschen schon immer ein Vermögen zur Größe und zur Freiheit rege war. Die ästhetische Faszination der poetischen Wahrheit beruht also nur auf der vorgestellten Möglichkeit einer historisch großen Tat. Radikalisiert man diesen Standpunkt, so werden historische Stoffe und Persönlichkeiten austauschbar: Caesar, Wallenstein oder Faust, sie alle legen auf ihre Weise Zeugnis ab für die Freiheit des Menschen. Nur unter diesem Blickwinkel ist die Geschichte ein erhabenes Objekt für den Dramatiker, denn sie zeigt uns sowohl den handelnden und leidenden Menschen als auch seine leidüberlegene Geistigkeit.

Der Dramatiker wäre schlecht beraten, wenn er nur um des stofflichen Reizes willen zur Geschichte griffe oder, wie Sulzer empfahl, um einer vaterländischen Idee zu dienen. Die Dichtkunst läßt sich nach Schillers Auffassung nicht in die Dienste der Moral, der Volks- oder Nationalerziehung stellen. Sie kann keine besondere Aufgabe erfüllen, da sie auf den ganzen Menschen zielt, und dieses Ziel würde sie verfehlen, wenn man sie für einen besonderen Zweck abrichtete. »Sie soll das Herz treffen, weil sie aus dem Herzen floß, und nicht auf den Staatsbürger in dem Menschen, sondern auf den Menschen in dem Staatsbürger zielen« (S. 79).

Wenn dann in Schillers Definition davon die Rede ist, daß die Tragödie die Nachahmung einer Handlung sei, »welche uns Menschen im Zustand des Leidens zeigt«, so braucht nach allem, was bisher über das Pathetische gesagt wurde, nur noch die dramaturgische Seite dieses Problems beleuchtet zu werden.

10. Aus dieser Perspektive läßt sich das Unbehagen am Dokumentationstheater verstehen, wo das historische Interesse größer ist als das poetische. Im Dokumentationstheater werden zwei verschiedene Betrachtungsweisen der Wirklichkeit vermischt, was der theatralischen Darbietung wie der historischen Wahrheit abträglich ist.

Es gehört zu den größten Schwierigkeiten dramatischer
Kunst, in der Darstellung des Leides das rechte Maß zu
treffen: ein Zuviel stößt uns ab, ein Zuwenig läßt uns kalt.
Das Leiden Unschuldiger schmerzt, das Leid eines Verbrechers empfinden wir als gerecht. Das Vergnügen an der Tragödie hängt nicht nur zusammen mit der rechten Dosierung
des Leids; Dauer und Lebhaftigkeit des vorgestellten Leids
sind ebenso wichtig. Das Leiden, von dem wir Augenzeuge
werden, erweckt unser Mitleid. Diese unwillkürliche teil-
nehmende Gefühlsregung wird von uns jedoch als Zwang
empfunden, und wir sind schnell bereit, von ihm loszu-
kommen, wenn die Intensität des Leidens nachläßt oder
wenn wir aus der theatralischen Illusion zu früh entlassen
werden. Der Dramatiker muß es verstehen, mit unseren
Affekten hauszuhalten: er darf uns weder ermatten noch
desinteressieren, denn für die ganze Dauer der Tragödie
soll unser mitleidiges Interesse rege bleiben. »Der Künstler
[...] sammelt erst wirtschaftlich alle einzelnen Strahlen
des Gegenstandes, den er zum Werkzeug seines tragischen
Zweckes macht, und sie werden unter seinen Händen zum
Blitz, der alle Herzen entzündet. Wenn der Anfänger den
ganzen Donnerstrahl des Schreckens und der Furcht auf einmal und fruchtlos in die Gemüter schleudert, so gelangt
jener Schritt vor Schritt durch lauter kleine Schläge zum
Ziel und durchdringt eben dadurch die Seele ganz, daß er
sie nur allmählich und gradweise rührte« (S. 47). Durch
diese »Gradation der Eindrücke« bleiben wir für die Dauer
der Illusion gefesselt, und je lebhafter wir mit dem Helden
leiden, um so stärker äußert sich unsere selbständige Kraft.

»Die Tragödie endlich vereinigt alle diese Eigenschaften, um
den mitleidigen Affekt zu erregen« (S. 52). Wieder war es
Lessing, der gegenüber den französischen Auslegern der
aristotelischen Dramendefinition das Mitleid in den Mittel-
punkt seiner Erläuterungen stellte. »Der mitleidigste
Mensch ist der beste Mensch«, schreibt er schon in einem
Brief an Nicolai vom 13. November 1756. Diese Fertigkeit der Seele kann nur die Tragödie ausbilden. Schiller

scheint sich in diesem Punkt ganz an Lessings Aristoteles-auslegung anzuschließen, und wir fragen uns erstaunt, wie dies zu jenem anderen Schillersatz passe, daß die »Darstellung des Übersinnlichen« der letzte Zweck der Kunst sei. Beide Bestimmungen der Kunst koinzidieren, denn Schiller verstand unter dem Mitleid etwas anderes als Lessing. Wenn Lessing vom Drama erwartet, daß es Mitleid errege, so hofft er, daß unsere Fähigkeit, Mitleid zu fühlen, durch das Drama kultiviert werde; nur in dieser erzieherischen Funktion liegt für ihn der Nutzen tragischer Kunst. Diese funktionale Bewertung der Kunst konnte der Kantianer Schiller nicht mehr teilen.

Bei Schiller entspricht das Mitleid des Zuschauers dem Leiden des Helden, der Zuschauer leidet im wörtlichen Sinne mit dem Helden. Das Pathos als künstliches Leiden macht uns so betroffen, als wären wir der leidende Held. Schiller nennt das Mitleid daher auch das »sympathetische Leiden«. In der Tragödie leidet der Mensch als Sinnenwesen, sei es pathetisch oder sympathetisch. Dieser Affekt, diese sinnliche Passivität, widerstreitet einer Kraft in uns, die der leidenden Natur nicht unterworfen scheint, und je heftiger das Pathos wird, um so mehr spüren wir in uns ein Vermögen zur Freiheit, das sich von der sinnlichen Passivität unabhängig erweist. Schillers Mitleidsbegriff zielt also auf jene höhere Anlage im Menschen, mit der uns die Tragödie vertraut machen soll. Und damit haben wir wiederum jene Achse erreicht, auf die alle dramentheoretischen Schriften Schillers zentriert sind: Das Pathetische dient der Darstellung des Übersinnlichen im Menschen, es ist ästhetisch überhaupt nur gerechtfertigt, indem es diesen Zweck erfüllt. »Die Vorstellung eines fremden Leidens, verbunden mit Affekt und mit dem Bewußtsein unsrer innern moralischen Freiheit, ist *pathetischerhaben*« (*SA* XII, 317).

VII

Kommen wir am Ende nochmals zurück auf jenen oft wie-
derholten Vorwurf, Schillers Dramensprache sei pathetisch,
leer, wirklichkeitsfern und daher unzeitgemäß. Solche Kritik geht meist – und das mit einmal bösartig – von fal-
schen Maßstäben aus, man vergleicht Unvergleichbares:
nämlich Schillers getadelte Künstlichkeit mit der schein-
baren Natürlichkeit und Wirklichkeitsnähe der Dramen
Shakespeares oder Goethes. Bei einer solchen Beurteilung
unterlaufen den Kritikern drei grundsätzliche Fehler:
1. Der landläufige Realismusbegriff greift beim klassischen
europäischen Dramentyp zu kurz, denn in ihm ist alles
künstlich, stilisiert, verkürzt, d. h. Illusion. »Alles (auf dem
Theater) ist nur ein Symbol des Wirklichen« (S. 108). Die
Handlung ist gerafft und bildet nur einen Ausschnitt des
wirklichen Lebens, die Figuren sind Typen, der Zeitablauf
ist künstlich, die Kulissen symbolisch – und da soll plötzlich die Sprache nicht pathetisch-künstlich, sondern wirk-
lichkeitsgesättigt sein?
2. Es ist in höchstem Maße unhistorisch, *einen* dramatischen
Stil zum gültigen Muster zu erheben und andere Dramatiker daran zu messen; weder läßt sich Goethe gegen Schiller
ausspielen, noch die klassische Dramaturgie gegen Brecht.
Was am Drama Schillers befremdet, ist gerade seine Eigen-
tümlichkeit, die es zu erkennen gilt, bevor man sie beurteilt
oder gar verurteilt.
3. Wenn Realismus ein Maßstab der Wertung sein soll, so
hat man sich um Schillers Realismusbegriff zu bemühen.
Man wird dann erkennen, daß Schillers Bild der Wirklichkeit idealistischer ist als der landläufige Wirklichkeitsbe-
griff: Für Schiller ist die Wirklichkeit der chaotische Gegen-
pol zur Freiheit des Menschen. Der in der Wirklichkeit
verstrickte Mensch leidet und wird als solcher ein Objekt
tragischer Kunst, die eben das Vermögen zur Freiheit am
leidenden Menschen aufzeigt. Das ist die Absicht pathetischer Kunst.

Die Gründe für die wunderliche Scheu vor dem Pathos Schillers sind also in fehlgeleiteten Dichtungserwartungen, einem unhistorischen Realismusbegriff und – um noch einmal mit Beissner zu sprechen – in einem »bedenklichen Mangel an Stilgefühl« zu suchen.

Wir haben gesehen, daß Schillers Pathosbegriff nur im Zusammenhang mit dem komplementären Begriff des Erhabenen zu verstehen ist, wenn er nicht sinnentleerte Sprachform, sondern ästhetische Kategorie sein soll. Schillers Drama lebt aus dieser Stileigentümlichkeit: die Sprache ebenso wie die Gestik, dramatische Situation und Figur, Bericht und Monolog, kurz: alles im Drama Schillers ist adäquater Ausdruck des handelnden und leidenden Menschen und seines leidüberwindenden Vermögens[11].

Schillers Theorie und Praxis, sein Anspruch und sein Stil gründen in seiner Lehre vom Pathetischen und Erhabenen, die ihrerseits zurückweist auf sein dualistisches Weltbild. So sehr sich Schiller auch um eine philosophische Begründung des Schönen bemüht hat, seine Lehre vom Pathetischen geriet ihm einheitlicher, wie überhaupt die Idee des Erhabenen seinem Leben und Schaffen viel mehr entsprochen zu haben scheint. »Die Fähigkeit, das Erhabene zu empfinden, ist also eine der herrlichsten Anlagen in der Menschennatur, die sowohl wegen ihres Ursprungs aus dem selbständigen Denk- und Willensvermögen unsre *Achtung*, als wegen ihres Einflusses auf den moralischen Menschen die vollkommenste Entwickelung verdient« (S. 98).

11. Den pathetischen Stil in Schillers Jugenddramen hat wohl am klarsten Paul Böckmann beschrieben. Paul Böckmann, *Die innere Form in Schillers Jugenddramen*, in: Dichtung und Volkstum (Neue Folge des Euphorion) 35, 1934. S. 439–480. Jetzt in: Paul Böckmann, *Formensprache, Studien zur Literarästhetik und Dichtungsinterpretation*, Hamburg 1966, S. 229–267.

INHALT

Friedrich Schiller

EINZELAUSGABEN IN IN RECLAMS UNIVERSAL-BIBLIOTHEK

Philipp Reclam jun. Stuttgart